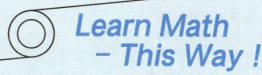

新初一思维衔接读本 曹 扬 著

中国科学技术大学出版社

内 容 简 介

本书延续《数学这样学就对了：中小学数学的结构化思维》中的"框架思维"方法，以《义务教育数学课程标准》的要求为内核，综合运用人物对话、知识讲述、真题回顾、实操解题等写作方法，在算术、代数、几何这三个板块内，以知识内容的衔接为起点，逐步实现从第二学段（4～6年级）到第三学段（7～9年级）的跨学段思维能力衔接。为了提升实际解题能力，本书提炼出"8个框架，17个结构"，与数形结合、分类讨论、方程与函数等数学学习的思想方法一起，渗透到每个章节的叙述中，结合精选的例题与习题，让读者在各个章节的阅读中，都能体验到从解题思想、策略到解题方法的完整认知过程，并始终依托"框架思维"，保持看待数学解题的"俯视感"，从而增强学好初中数学的信心。

图书在版编目(CIP)数据

数学这样学就对了：新初一思维衔接读本/曹扬著. —合肥：中国科学技术大学出版社，2020.8
ISBN 978-7-312-05014-5

Ⅰ. 数… Ⅱ. 曹… Ⅲ. 中学数学课—初中—题解 Ⅳ. G634.603

中国版本图书馆 CIP 数据核字（2020）第 117602 号

SHUXUE ZHEYANG XUE JIU DUI LE: XIN CHUYI SIWEI XIANJIE DUBEN

出版	中国科学技术大学出版社 安徽省合肥市金寨路96号,230026 http://press.ustc.edu.cn https://zgkxjsdxcbs.tmall.com
印刷	合肥市宏基印刷有限公司
发行	中国科学技术大学出版社
经销	全国新华书店
开本	710 mm×1000 mm　1/16
印张	10.75
插页	8
字数	187 千
版次	2020 年 8 月第 1 版
印次	2020 年 8 月第 1 次印刷
定价	50.00 元

初中

七年级

学科	类型	核心技巧/必考知识点	时长
语文	古诗/课内诗歌讲解	《次北固山下》《观沧海》《江南逢李龟年》《天净沙·秋思》	47分钟
	名著/语基高频题型	《西游记》考点梳理/标点符号辨析技巧	18分钟
	记叙文高频题型	人物形象/人物描写分析答题技巧/词语含义和答题技巧	23分钟
数学	有理数的加减混合运算	【重点】凑整/拆带分数	10分钟
	纯数字的等差数列	【重点】等差数列找规律	7分钟
	解含小数一元一次方程	【重点】解方程/小数的处理	10分钟
	方程-整数解问题	【难点】含参方程/整数解	8分钟
	双角平分线模型	【难点】双角平分线模型	5分钟
	角中的动态问题	【难点】表示动角/分类讨论	9分钟
英语	音标听读学发音	【难点】发音技巧和规律	11分钟
	写作技巧提高分	【重点】写作高分句型技巧	11分钟
	语法知识重点练	enough的使用方法/2233系列	12分钟
	阅读巧解核心学	【难点】阅读还原做题技巧	5分钟
	完形母题核心记	【难点】完形填空名词技巧	6分钟

八年级

学科	类型	核心技巧/必考知识点	时长
语文	高频阅读题型之修辞赏析/情节概括/人物形象/句段作用	答题思路/答题模板/概括题的解题步骤/做题口诀/做题坑点/答题思路/开头、中间、结尾的答题要点	49分钟
	高分作文技巧	"甩锅法""一串香"升格作文	60分钟
	必考主题作文之成长励志类	积累写作素材/学习托物言志技法	28分钟
	必考主题作文之情感类	积累写作素材/学习"以物串联"技法	21分钟
	必考文言之翻译断句/虚词	翻译步骤/断句方法.高频虚词"而"	29分钟
数学	飞镖、8字结论	三角形内角和定理	5分钟
	角平分线模型-双内/双外/内外	双角平分线模型	13分钟
	一线三垂直	互余倒角全等	4分钟
	倍长中线法三角形中线的范围	构造8字全等	11分钟
	角平分线+平行线找等腰模型	角平分线相关模型	5分钟
	等腰三角形存在性问题	"两圆一线"法	11分钟
	两线段和的最值-两点一线	轴对称最值问题	11分钟
英语	语法知识重点练	形容词-ed/-ing的区别/动词四朵金花的用法	10分钟
	单词/写作/完形	单词后缀串记法/万能句型/完形填空名词技巧	16分钟
	【重点难点考点】语法	阅读	14分钟
	【重点难点考点】语法	口诀解决语法难题感叹句/enough的使用方法/2233系列	22分钟
物理	测量物体运动的平均速度	21个必考实验之平均速度的测量实验	10分钟
	【题型】运动图象问题	运动图象问题题型方法总结	11分钟
	【题型】旗子飘向问题	技巧:三反随风	10分钟
	【题型】追及问题	追及问题方法总结/声速的相关计算	20分钟
	晶体、非晶体熔化凝固图像	晶体和非晶体熔化图象辨析	5分钟
	【知识点】小孔成像实验	小孔成像实验总结	7分钟
	【知识点】探究凸透镜成像的规律	21个必考实验之凸透镜成像规律实验	15分钟
	【知识点】质量的测量	21个必考实验之用托盘天平测量物体的质量	11分钟
	【题型】常规方法测液体密度	21个必考实验之测液体密度	10分钟

九年级

学科	类型	核心技巧/必考知识点	时长
语文	课内必考文言文	《岳阳楼记》《醉翁亭记》《送东阳马生序》《出师表》	33分钟
	文言文阅读	文言虚词"之""以"	27分钟
	基础运用/作文	语基难点之病句/读书感悟类作文	31分钟
	文学类文本阅读	必考题型之赏析题	20分钟
	名著阅读	必考名著之《水浒传》	16分钟
数学	二次函数增减性/二次函数与平行四边形存在性问题	轴距法/对点法	14分钟
	等腰三角形的手拉手模型	旋转全等	8分钟
	圆上一动点到定点距离最值	点圆最值	6分钟
	辅助圆——共顶点等线段	定点定长	5分钟
	反比例函数系数k的几何意义	k的几何意义	8分钟
	相交弦定理及其应用	反8相似	4分钟
	A字模型/旋转型相似	A字相似/旋转相似	12分钟
	解直角三角形的常见图形	构造直角三角形	6分钟
英语	单词	易混形容词辨析(拆解法)	10分钟
	语法	口诀解决语法难题感叹句	10分钟
	语法	口诀分辨易混词-四朵金花	11分钟
	单词	底层逻辑记忆一词多义	11分钟
	写作/词汇	写作高分句型技巧/中考重点词汇用法	30分钟
	听力/完形	数字计算类听力/中考完形技巧讲解	44分钟
	写作/阅读	"计划类"写作/阅读解题技巧	45分钟
物理	【知识点】分子热运动	分子热运动详解	12分钟
	【知识点】物体内能的改变	改变内能的两种方式	9分钟
	【题型】温度、热量、内能概念辨析	三个易混概念辨析	6分钟
	【知识点】热机的效率	热机效率的计算	8分钟
	【知识点】电路的构成	电路的构成	9分钟
	【题型】电路图转实物图	已知电路图,连接实物图	12分钟
	【题型】实物图转电路图	已知实物图,画电路图	13分钟
	【知识点】电流的测量	电流表的使用	17分钟
	【知识点】串并联电路中电阻的关系	串并联电路电阻规律	10分钟
	【题型】欧姆定律简单计算	欧姆定律的简单计算	13分钟
化学	必考题讲解	空气中氧气含量的测定变形	8分钟
	实验知识讲解	高锰酸钾制氧气	13分钟
	必考题讲解	气体的制取装置选择	9分钟
	微观必考知识讲解	化学式的意义	9分钟
	实验知识讲解	质量守恒定律的应用	12分钟
	实验知识讲解	还原氧化铜实验	14分钟
	实验知识讲解	气体成分的检测	20分钟
	必考题讲解	一金两盐滤液滤渣判断	21分钟
	实验知识讲解	金属活动性强弱的验证法	20分钟
	必考题讲解	金属与酸反应图像	23分钟

➡ 每一个必考易错点均从概念精讲、经典例题、真题训练剖析讲解

务必先扫码

领取初中重难点+必考点读
课程领取后3年内可以无限期次学习

扫码领考研名师指导特训营

初中额外领:15个语法选择题技巧,23种数学模型 ,易错字词汇总、古诗文默写训练、1600个中考词汇加音标、7大数学思想、文言文专题知识大全、必考八大时态、二元一次方程8种典型例题、英语写作押题预测、阅读理解反反复复考页、语文答题模版、数学易错题总结、中考英语常易混淆词短语辨析归纳、高分作文五种黄金写作、必考名著12部、物理100个重要知识点、中考物理26个必考专题、化学方程式大汇总等。

官宣！
高途成为中国国家跳水队
在线学习合作伙伴

先学技巧再学习
事半功倍！

免费领取

添加"二讲微信"
获取视频链接

（推荐由家长扫码领取）

- **免费福利：**
  赠送配套专项自学视频课程
- **学得更快：**
  能力培养+视频讲解+专人陪练
- 5天9节（语数英多科）
- 24h 1对1老师辅导
- 份全科摸底测试

小学

数学 — 数学校本通——小学数学必考应用题专项课程

年级	课程内容	课程时长
新2	购物/认识人民币/100以内的加减法/乘法知识	120分钟
新3	混合运算/观察物体/多位数乘一位数/万以内的加法和减法/时、分、秒	100分钟
新4	升和毫升/大数的认识;角的度量/公顷和平方千米/两、三位数除以两位数	140分钟
新5	小数除法巧算/小数乘法/小数乘法巧算/多边形的面积/小数的意义和性质/小数加减法/分数乘除法计算/分数乘法应用题/位置与方向/长方体与正方体	240分钟
重点	鸡兔同笼/简单运算/容斥原理/还原问题/平均数问题	75分钟
难点	简单推理/和倍问题/差倍问题/和差问题	60分钟

计算模块，几何模块，思维训练数独课，易错点、考点、重难点讲解

语文 — 专项训练课程——名著考点讲解，写作引经据典

核心内容	课程内容	课程时长
基础讲解视频	第一二三单元基础知识	90分钟
单元作文讲解	第一二三单元作文讲解	90分钟
阅读文言文专题	【文言】海上之人好鸥鸟/【阅读】人物特点分析/【文言】高山流水/【阅读】语言特点分析/【文言】齐人攫金	150分钟
阅读精品课	把握文章中心/分析人物形象/理解分析句子意思/理解词语含义/概括文章主要内容	150分钟

英语 — 专项训练课程——掌握重难点答题方法和技巧，冲刺高分

核心内容	课程内容	课程时长
About Alphabet 自然拼读视频课上下册	以About Alphabet练习册为依托，学习字母A-M/N-Z的字母名、字母音、书写、相关单词等自然拼 共150分钟 读知识	26节共300分钟
口语入门	英语学习口语和写作往往是同学们的弱点。每节课从词汇到句型 表达，再到文章，通过十个常见主题，提高孩子的口语及写作表 达能力。	10节
语法专项课	名词精讲5节，人称代词精讲6节，物主代词精讲5节	16节
阅读理解解题方法	校内直通车-阅读理解方法	10篇阅读 讲解

作文 — 小学作文专项课程

核心内容	课程内容	课程时长
叙事文/写景文/状物文/想象文/写人文/应用文	时间/地点/人物等技巧讲解，如何更好抓住景物特点，如何抓住物体特征写好状物文，写想象类作文万能公式，如何刻画人物形象/性格/外貌，应用文写作素材大全	300分钟

务必先扫码

领取小学**重难点+必考点读**
课程领取后**3年**内可以无限期次学习

扫码进群领更多福利

小学额外领：语文默写通关训练&数学公式大全、仿写句子练习&必考知识点全归纳、阅读专项训练、看图写话训练&分类练习、数学必考点归纳&易错题合集&必考应用题总结&运算规则&精选好题，语文范文集锦&必备成语&成语积累，英语语法归纳。

小学初中高中全科0元提分课

清北名师 1-9年级

精选课程迅速提分 好辅导 多提分 好成绩

亲爱的同学们
扫码来和奥运冠军一起学习吧！

全红婵

练 ▽ 校内校外 ▽ 同步练

陪 ▽ 专项题型 ▽ 陪读学

讲 ▽ 名师直播 ▽ 讲技巧

跟着奥运冠军一起学

- 语数英重难点直播课360分钟
- 数学32节,语文26节,英语22节
- 语数英常考必考同步视频课程

您将获得（课程设置）

小学数学：复刻巧解思维,打开高分命门学母题·用大招·练子题,助力提分+考试提速。	**小升初**：分班考要点、新课标名著阅读技巧、常考应用题解题思路。
小学英语：复刻巧解思维,打开高分命门学母题·用大招·练子题,助力提分+考试提速。	**新8年级**：高频考点解题技巧;月考、期中、期末考点。
小学语文：紧跟新课标写话要求,考点考情考向全掌握精选文内好词佳句,拓展主题写话素材。	**新9年级**：考场阅读作文、文言文技巧、中考热点等。

高途 | 高途素养

亲爱的同学们
扫码来和奥运冠军一起学习吧!

小学初中高中全科0元提分课

清北名师
1-9年级

精选课程迅速提分
好辅导 多提分 好成绩

全红婵

练 校内校外 ▽ 同步练
陪 专项题型 ▽ 陪读学
讲 名师直播 ▽ 讲技巧

跟着奥运冠军一起学

- 语数英重难点直播课360分钟
- 数学32节,语文26节,英语22节
- 语数英常考必考同步视频课程

您将获得(课程设置)

- **小学数学**:复刻巧解思维,打开高分命门学母题·用大招·练子题,助力提分+考试提速。

- **小升初**:分班考要点、新课标名著阅读技巧、常考应用题解题思路。

- **小学英语**:复刻巧解思维,打开高分命门学母题·用大招·练子题,助力提分+考试提速。

- **新8年级**:高频考点解题技巧;月考、期中、期末考点。

- **小学语文**:紧跟新课标写话要求,考点考情考向全掌握精选文内好词佳句,拓展主题写话素材。

- **新9年级**:考场阅读作文、文言文技巧、中考热点等。

小学

数学校本通——小学数学必考应用题专项课程

年级	课程内容	课程时长
新2	购物/认识人民币/100以内的加减法/乘法知识	120分钟
新3	混合运算/观察物体/多位数乘一位数/万以内的加法和减法/时、分、秒	100分钟
新4	升和毫升/大数的认识;角的度量/公顷和平方千米/两、三位数除以两位数	140分钟
新5	小数除法巧算/小数乘法/小数乘法巧算/多边形的面积/小数的意义和性质/小数加减法/分数乘除法计算/分数乘法应用题/位置与方向/长方体与正方体	240分钟
重点	鸡兔同笼/简单运算/容斥原理/还原问题/平均数问题	75分钟
难点	简单推理/和倍问题/差倍问题/和差问题	60分钟

计算模块,几何模块,思维训练数独课,易错点、考点、重难点讲解

语文 专项训练课程——名著考点讲解,写作引经据典

核心内容	课程内容	课程时长
基础讲解视频	第一二三单元基础知识	90分钟
单元作文讲解	第一二三单元作文讲解	90分钟
阅读文言文专题	【文言】海上之人好鸥鸟/【阅读】人物特点分析/【文言】高山流水/【阅读】语言特点分析/【文言】齐人攫金	150分钟
阅读精品课	把握文章中心/分析人物形象/理解分析句子意思/理解词语含义/概括文章主要内容	150分钟

英语 专项训练课程——掌握重难点答题方法和技巧,冲刺高分

核心内容	课程内容	课程时长
About Alphabet 自然拼读视频课上下册	以About Alphabet练习册为依托,学习字母A-M/N-Z的字母名、字母音、书写、相关单词等自然拼共150分钟 讲知识	26节共300分钟
口语入门	英语学习口语和写作往往是同学们的弱点。每节课从词汇到句型 表达,再到文章,通过十个常见 主题,提高孩子的口语及写作表 达能力。	10节
语法专项课	名词精讲5节,人称代词精讲6节,物主代词精讲5节	16节
阅读理解解题方法	校内直通车-阅读理解方法	10篇阅读 讲解

作文 小学作文专项课程

核心内容	课程内容	课程时长
叙事文/写景文/状物文/想象文/写人文/应用文	时间/地点/人物等技巧讲解,如何更好抓住景物特点,如何抓住物体特征写好状物文,写想象类作文万能公式,如何刻画人物形象/性格/外貌,应用文写作素材大全	300分钟

务必先扫码

领取小学**重难点+必考**点读
课程领取后**3年**内可以无限期次学习

扫码进群领更多福利

小学额外领:语文默写通关训练&数学公式大全、仿写句子练习&必考知识点全归纳、阅读专项训练、看图写话训练&分类练习、数学必考点归纳&易错题合集&必考应用题总结&运算规则&精选好题,语文范文集锦&必备成语&成语积累,英语语法归纳。

初中

七年级

学科	类型	核心技巧/必考知识点	时长
语文	古诗/课内诗歌讲解	《次北固山下》《观沧海》《江南逢李龟年》《天净沙·秋思》	47分钟
	名著/语基高频题型	《西游记》考点梳理/标点符号辨析题型	18分钟
	记叙文高频题型	人物形象/人物描写分析题答题技巧/词语含义/答题技巧	23分钟
数学	有理数的加减混合运算	【重点】凑整/拆带分数	10分钟
	纯数字的等差数列	【重点】等差数列找规律	7分钟
	解含小数一元一次方程	【重点】解方程/小数的处理	10分钟
	方程-整数解问题	【难点】含参方程/整数解	8分钟
	双角平分线模型	【难点】双角平分线模型	5分钟
	角中的动态问题	【难点】表示动角/分类讨论	9分钟
英语	音标听读学发音	【重点】发音技巧和规律	11分钟
	写作技巧提高分	【重点】写作高分句型技巧	11分钟
	语法知识重点练	enough的使用方法/2233系列	12分钟
	阅读巧解核心学	【难点】阅读还原做题技巧	7分钟
	完形母题核心记	【难点】完形填空名词技巧	6分钟

➡️ **每一个必考易错点均从概念精讲、经典例题、真题训练剖析讲解**

八年级

学科	类型	核心技巧/必考知识点	时长
语文	高频阅读题型之修辞赏析/情节概括/人物形象/句段作用	答题思路/答题模板/概括重点的解题步骤/做题中小坑点/答题思路/开头、中间、结尾的答题要点	49分钟
	高分作文技法	"甩锅法" "一串春" 升格作文	60分钟
	必考主题作文之成长励志类	积累写作素材/学习托物言志技法	28分钟
	必考主题作文之情感类	积累写作素材/学习"以物串联"技法	21分钟
	必考文言之翻译断句/虚词	翻译步骤/断句方法。高频虚词"而"	29分钟
数学	飞镖、8字综合	三角形内角和定理	5分钟
	角平分线模型-双内/双外/内外	双角平分线模型	13分钟
	一线三垂直	互余倒角证全等	4分钟
	倍长中线求三角形中线的范围	构造8字全等	11分钟
	角平分线模型+平行线出等腰模型	角平分线相关模型	5分钟
	等腰三角形存在性问题	"两圆一线"法	11分钟
	两线段和的最值-两点一线	轴对称最值问题	11分钟
英语	语法知识重点练	形容词-ed/-ing的区别/动词四朵金花的用法	10分钟
	单词/写作/完形	同义的原词后缀串记法/万能句型/完形填空动词技巧	13分钟
	【知识点】阅读	阅读语境词/阅读还原做题技巧	14分钟
	【重点难点考点】语法	口诀解决语法难题感叹句/enough的使用方法/2233系列	22分钟
物理	测量物体运动的平均速度	21个必考实验之平均速度的测量实验	10分钟
	【题型】运动图象问题	运动图象问题题型方法总结	11分钟
	【题型】旗子飘向问题	技巧 同三现象	10分钟
	【题型】追及问题 【知识点】声速	追及问题方法总结/声速的相关计算	20分钟
	晶体、非晶体熔化凝固图像	晶体和非晶体熔化图象辨析	5分钟
	【知识点】小孔成像实验	7分钟
	【知识点】探究凸透镜成像的规律	21个必考实验之凸透镜成像规律实验	15分钟
	【知识点】质量的测量	21个必考实验之用托盘天平测量物体的质量	11分钟
	【题型】常规方法测液体密度	21个必考实验之测液体密度	10分钟

九年级

学科	类型	核心技巧/必考知识点	时长
语文	课内必考文言文	《岳阳楼记》《醉翁亭记》《送东阳马生序》《出师表》	33分钟
	文言文阅读	文言文虚词"之""以"	27分钟
	基础运用/作文	语基难点之病句/读书感悟类作文	31分钟
	文学类文本阅读	必考题之赏析题	20分钟
	名著阅读	必考名著之《水浒传》	16分钟
数学	二次函数增减性/二次函数与平行四边形存在性问题	轴距法/对点法	14分钟
	等腰三角形的手拉手模型	旋转全等	8分钟
	圆上一动点到定点距离最值	点圆最值	6分钟
	辅助圆——共顶点等线段	定点定长	5分钟
	反比例函数系数k的几何意义	k的几何意义	8分钟
	相交弦定理及其应用	反8相似	4分钟
	A字模型/旋转型相似	A字相似/旋转相似	12分钟
	解直角三角形的常见图形	构造直角三角形	6分钟
英语	单词	易混形容词辨析（拆解法）	10分钟
	语法	口诀解决语法难题感叹句	10分钟
	语法	口诀分辨易混词-四朵金花	11分钟
	单词	底层逻辑记忆一词多义	11分钟
	写作/词汇	写作高分句型技巧/中考重点词汇用法	30分钟
	听力/完形	数字计算类听力/中考完形技巧和方法	44分钟
	写作/阅读	"计划类"写作/阅读解题技巧	45分钟

九年级

学科	类型	核心技巧/必考知识点	时长
物理	【知识点】分子热运动	分子热运动详解	12分钟
	【知识点】物体内能的改变	改变内能的两种方式	9分钟
	【题型】温度、热量、内能概念辨析	三个易混概念辨析	6分钟
	【知识点】热机的效率	热机效率的计算	8分钟
	【知识点】电路的构成	电路的构成	9分钟
	【题型】电路图转实物图	已知电路图，连接实物图	12分钟
	【题型】实物图转电路图	已知电路图，画电路图	13分钟
	【知识点】电流的测量	电流表的使用	17分钟
	【知识点】串并联电路中电阻的关系	串并联电路电阻规律	10分钟
	【题型】欧姆定律简单计算	欧姆定律的简单计算	13分钟
化学	必考题型讲解	空气中氧含量的测定变形	8分钟
	实验必考知识讲解	高锰酸钾制氧气	13分钟
	制取必考知识讲解	气体的制取装置选择	9分钟
	微观的表达式	化学式的意义	9分钟
	必考题型讲解	质量守恒定律的应用	12分钟
	实验必考知识讲解	还原氧化铜实验	14分钟
	实验必考知识讲解	气体成分的检测	20分钟
	必考题型讲解	一金两盐滤液滤渣判断	21分钟
	实验必考知识讲解	金属活动性强弱的验证法	20分钟
	必考题型讲解	金属与酸反应图像	23分钟

务必先扫码

领取初中**重难点+必考点读**
课程领取后**3年**内可以无限期次学习

扫码领取考研名师指导特训营

初中额外领：15个语法选择题技巧，23种数学模型， 易错字词汇总、古诗文默写训练、1600个中考词汇加音标、7大数学思想、文言文专题知识大全、必考八大时态、二元一次方程8种典型例题、英语写作押题预测、阅读理解反反复复考这20页、语文答题模版、数学易错题总结、中考英语常考易混动词短语辨析归纳、高分作文五种黄金写作、必考名著12 篇、物理100个重要知识点、中考物理26个必考专题、化学方程式大汇总等。

官宣！
高途成为中国国家跳水队
在线学习合作伙伴

先学技巧再学习
事半功倍！

免费领取

添加"二讲微信"
获取视频链接

（推荐由家长扫码领取）

免费福利：
赠送配套专项自学视频课程

学得更快：
能力培养+视频讲解+专人陪练

- 5天9节（语数英多科）
- 24h 1对1老师辅导
- 1份全科摸底测试

序

2020年7月,新冠疫情仍旧没有结束,宅在家里比平时还要忙,忙着给家长们讲微课,讲我的"早期诱发家庭教育模式",这些课程颇受家长们欢迎。

上周,接到中国科学技术大学出版社杨振宁编辑通过邮件传给我的两本电子版书稿,一本是《数学这样学就对了:中小学数学的结构化思维》,已经由中国科学技术大学出版社出版了,另一本是《数学这样学就对了:新初一思维衔接读本》(待出版),是同一作者的姊妹篇,希望我能给该书写个序,给读者作个介绍。

将两本书稿浏览一遍后,我不禁喜出望外,有一种"众里寻他千百度,蓦然回首,那人却在,灯火阑珊处"的感觉。真可谓"踏破铁鞋无觅处,得来全不费工夫",谢谢小杨给我发来的这两本书稿。

为啥会有这种感觉?这得顺着我的个人经历从头说起。

51年前的1969年,我在中国科学技术大学毕业并留校工作。1977年底到1978年初,中国科学技术大学创办少年班时,我是校长办公室秘书,直接参与了少年班的创建过程,是最早的"少年班研究组"成员,是少年班"大学语文"课的第一任任课老师。从那之后,我一直坚持从事少年班的超常人才教育研究。

1986年,我在长期跟踪研究少年大学生成长实践的基础上,提出"早期诱发家庭教育模式",并用在我对自己孩子的教育中,最终儿子于1986年考进中国科学技术大学第10期少年班。该成果的论文发表在1986年安徽省家庭教育研究会首届年会上，获得年会研究成果一等奖，我也因为相关成果于 1996 年获得全国妇联、国家教委联合授予的"全国家庭教育工作园丁奖"和"全国家庭教育工作先进个人"的称号。

退休后的十年来，我在国内广泛传播"早期诱发家庭教育模式"，足迹遍及全国各地，受到广大家长和教育培训机构的普遍欢迎和认可。陆续出版有《培养超常儿童有学问》《早期诱发》《早期诱发实训教程》等专著 20 余种。

"早期诱发"理念把对培养学生的思维能力放在非常重要的位置。早在 1992 年出版的介绍这一理念的第一本专著《培养超常儿童有学问》的第六章"培养能力"中就专门写了两节对其进行详细的介绍，这两节分别是第四节"思维能力的培养"和第五节"家庭中的思维综合训练"。在第四节的一开头就说：

同是一个老师教出来的学生，同是一个家庭中的兄弟姐妹，应该说他们的知识量相当。可是，在解决同一道题时，一个是百思不得其解，另一个却没太费劲就有所突破。这说明，知识并不是决定性的，起决定作用的是正确的思维方式和高水平的思维能力。对于正在中小学学习的孩子，思维能力与他们的学习成绩息息相关[①]。

在第四节"抽象思维能力的培养"中，我当时写道：

我在少年班研究中也发现，科技大学少年班的同学，如果追溯到他们初中时期，他们大多数是在初二学了"平面几何"之后，抽象思维能力得到迅速提高，而突然跃入前列遥遥领先的。

在 2013 年出版的阐述"早期诱发"理念的第三本专著《带孩子决胜后半场》中还介绍了我自己如何身体力行地帮助儿子提高逻辑思维能力的案例：

我儿子的快速发展就是从他在初一自学"平面几何"开始的。当时，我考虑，初中阶段是一个人发展逻辑思维能力的重要阶段。而初中二年级开始开课的"平面几何"是训练逻辑思维的重要课程。思维能力差的学生，大多是在初二学习"平面几何"之后，和同年龄的学生拉开距离的。而少年班的同学，差不多都是在初二学了"平面几何"之后突然跃入前列、遥遥领先的。

现在想促进儿子快速发展，就应该让他把"平面几何"课程学好。而学好一门新课，利用假期预习这门课程是最好的选择。于是，我不失时机地让他在初中一年级的暑假自学"平面几何"。

---

① 司有和.培养超常儿童有学问[M].合肥：安徽科学技术出版社,1992:153,158.

……结果效果显著,儿子在初二上学期一下子突破了自己数年徘徊停滞不前的局面,跃为全班第三名[①]。

我为什么要花这么大的篇幅来"自我吹嘘"呢?因为只有这样说,才能说明白我为什么会有那"蓦然回首"般的喜出望外。

早在"早期诱发"模式提出之初,我就已经认识到:少年大学生成功的重要经验之一,就是通过数学进行逻辑思维能力的训练;长期以来,这一模式又是那么重视对孩子通过数学进行逻辑思维能力的训练;而且我自己孩子的快速成长,也得益于通过数学进行的逻辑思维能力训练。

可是,通过数学进行逻辑思维能力训练的方法,在"早期诱发"知识体系里始终是一个空白。我没有教过中小学数学,实在是无力弥补这一缺陷,同时也没有遇到能够解决这个问题的人。

所以,匆匆读完曹扬先生的这两本书后,几十年来积压在我心头的惆怅一下子就烟消云散了。你想想我能不高兴吗!原来知音就在合肥,还是科大校友,你说这难道不是"蓦然回首","得来全不费工夫"吗?

当然,上面的篇幅,不仅仅是为了说明我高兴的理由,更重要的目的,是想告诉广大读者,尤其是正在学习家庭教育的家长,我是在用成功的中国科学技术大学少年班的研究成果、用我本人家庭教育的成功实践,来说明本书所阐述的理论是成立的,方法是可行的。它不仅自身是独立的、系统的,同时也是对"早期诱发"理论体系的有效补充。

我完全赞成作者在书中阐述的"框架思维"教育理念。任何人,在他面对各类问题时的思维能力是他获得生存、进而获得人生幸福的基本能力之一,同时,思维能力又是千万学子应对各级考试的重要法宝。可以说,这是任何一个想有所作为的人都必须面对的。遗憾的是,在实际的学校教学中,莘莘学子跨越从小学到初中、从初中到高中这些学段时,由于教材作者和任课老师的知识背景差距甚大,教材编写体例各不相同,加上孩子自身身心发展的波动,思维教学的连续性受到了很大冲击。

在多年的家庭教育培训中,我感到,我们的家长对思维教育的重要性也认识不够,有的家长虽然有所认识,觉得应该重视,但是又苦于没有具体的、可操作的方法,无法行动。

[①] 司有和.带孩子决胜后半场[M].北京:中央广播电视大学出版社,2013:198.

所以,"框架思维"的提出,无疑是及时雨,是给家长、孩子们送去有力的自我提高思维能力的工具!

在本书和它的姊妹篇《数学这样学就对了:中小学数学的结构化思维》中,作者在承接"框架思维"这一主旨的同时,没有受已有的小学和初中的知识点藩篱的束缚,从"算术"和"代数"的异同,再到"几何"里蕴含的数形结合之美,最后落脚于"解题"的通技通法,一气呵成,思维能力的平滑衔接尽在其中。

本书的第四章可谓是"文眼"所在,更是家长和孩子们需要切实关注的热点话题。因为中小学学生在学习过程一定也能体会到,解题之法,法无定法,全靠解题者高水平的思维能力。思维能力究竟从何而来?且不去争是否存在有先天赋予的可能,但至少还有后天习得之说。那么,后天如何习得?第四章就给了你详尽的回答。作者在第四章结合自己的数学教学和科研实践,统合前三章的内容,给出了一幅解题能力的结构图。很显然,作者相信"框架思维"能力是可以通过后天训练获得的,相信通过家长的训练或者通过孩子们的自学,会让学子们更加自由地徜徉在美丽的数学王国。

因为我也是坚信这一点的,所以我愿意为本书写序,支持作者的做法。

当然,我不是说,本书所言之方法是训练思维能力的唯一方法。确实,思维能力的发展,受到诸多条件的制约。诸如知识结构、思维定式、主观情绪、性格偏好,等等,都会阻碍我们用客观理性的思维来理解这个世界。但是,这并不是本书的缺点,正是它的优点。如果我们每一个读者,包括家长和孩子们,和曹扬先生一样,读别人的书,想自己的事,那么就会有更多的关于自身思维能力提升的因地制宜之法诞生!让我们共同期待这一天的到来!

司有和
2020 年 7 月 28 日于合肥

(司有和,教授,博士生导师。1969 年毕业于中国科学技术大学,留校任教,1993 年成为享受国务院特殊津贴专家,1998 年因人才引进调入重庆大学,2010 年在重庆大学退休。他是中国科学技术大学创办少年班的直接参与者,中国科学技术大学少年班研究的资深学者,中国科技写作学的奠基者、创始人。因其在家庭教育领域的成果,于 1996 年获得全国妇联、国家教委联合颁发的"全国家庭教育工作园丁奖"和"全国家庭教育工作先进个人"的称号。)

目 录

序 ·· (i)

导读：凡是解题　必有框架 ··· (001)

第1章　算术 ··· (005)

  1.1　有理之数 ··· (006)

  1.2　数之框架 ··· (010)

  1.3　差亦有道 ··· (014)

  1.4　飞轮转换 ··· (018)

  1.5　有理之算 ··· (023)

  1.6　欲速不达 ··· (027)

第2章　代数 ··· (033)

  2.1　字母之用 ··· (034)

  2.2　方程驾到 ··· (037)

  2.3　四组钢架 ··· (041)

  2.4　比拼功力 ··· (045)

  2.5　盈利之要 ··· (052)

  2.6　黄金三角 ··· (059)

第3章　几何 ··· (067)

  3.1　运动视角 ··· (068)

3.2　动极静生 …………………………………………… (075)

　3.3　数形相生 …………………………………………… (080)

　3.4　四则归来 …………………………………………… (084)

　3.5　形之规律 …………………………………………… (091)

　3.6　穿越维度 …………………………………………… (096)

第4章　解题 ………………………………………………… (103)

　4.1　何为解题 …………………………………………… (104)

　4.2　归纳演绎 …………………………………………… (109)

　4.3　多题一框 …………………………………………… (114)

　4.4　按图索骥 …………………………………………… (121)

　4.5　登高望远 …………………………………………… (128)

　4.6　无中生有 …………………………………………… (133)

　4.7　错题之功 …………………………………………… (138)

　4.8　秋水河边 …………………………………………… (144)

尾声 ………………………………………………………… (150)

附录1　思考题 …………………………………………… (157)

附录2　"数学三国"纸牌游戏 …………………………… (161)

后记 ………………………………………………………… (163)

导读:凡是解题 必有框架

请在 10 秒内回答这个问题:

一支球棒和一颗球一共 1.1 美元,球棒比球贵了 1 美元。请问:球要多少钱?

再给你 30 秒,确认你的答案是否正确。

各位同学,大家好!祝贺大家从小学升入初中,即将领略更为深邃的数学之美。

相信大家都经历了疫情期间的线上学习。不论老师和家长,还是我们自己,为什么都觉得学习效果不如线下在学校里的好呢?

因为学习的框架被破坏了。

线上的学习因为少了老师的监督,没有了课堂里的那种氛围,就更需要我们自己来维护一个有效的学习框架,从课前到课中到课后,我们分别要完成知识的"输入""处理""输出"三个环节,任何一个环节的缺失都不可能在其他两个环节得到弥补。这就好比一个人晚上没睡好觉,白天和中午睡的再多也是没用的!因为人体有生物钟,这是一种时间框架,我们的先辈在这个方面有宏大而精微的研究,证明了保护好这个时间框架对健康有多重要。

除此之外,我们还需要遵循学习内在的规律。线上学习的预习阶段,要完整地"输入"全部的课堂知识;上课阶段,时间有限,要结合老师的点拨进行知识的"处理";下课后,除了要立即完成老师的作业,还需要尽可能做多种方式的"输出"。

刚刚过去的这个学期,我们经历了小学数学知识的总复习,知识由"点"到"线"再到"面",越来越系统。在此基础上,我们逐步发现了那些隐藏在知识背后的"知识"、题目背后的"题目",从一题多解到多解归一,原先分散在各册书里的知识,它们之间的联系开始变得清晰而有序,我们终于找到了可以贯穿这门课程的一根主线,对这门学科初步有了全局观,也只有这样,才能应对现在越来越灵活的考试题型。

进入初中,一天还是24个小时,但课程的门数、难度都明显增加,需要我们更高效地使用时间,更有规划地组织学习。从这个暑期开始,我们既要延续上个学期的正确做法,也要学习掌握初中的学习方法。

不论是小学、初中,还是高中,学习方法中最重要的一条就是一定要依托思维框架来做减法甚至除法!肤浅的知识点归纳,并不能真正反映知识的底层逻辑,框架才是有效联系的沉淀、提纯、浓缩和升华。很多对于考试的描述都有类似这样一句话,叫作"源于课本高于课本",很多同学考完了,也不知道这"高于课本"究竟高在何处?其实,就是看你是否经历了"浮想联翩—浑然一体—泾渭分明"这三层境界,是否真的让自己的知识体系上下有序,前后分明,逻辑合理。

在如今的现实世界里,不能连上网络的电脑形同废铁,不会获取网络资源的个人如同文盲;在学习的世界里,不能彼此联系的知识没有意义,不能纳入框架的思维如同鸡肋。

在新学期开始前,大家有必要对初中数学有个大致的了解:初中数学是在小学基础之上的拓展和提高,是和小学数学贯通相承的,但在知识的呈现方式、学习的思维方式、问题的解答方式等方面,却有着明显的不同——初中数学更注重用代数的方式思考问题,更强调用方程解决实际问题,更重视抽象思维和逻辑推理。

(1)在知识学习的层面上,主要有以下不同:

	小学数学	初中数学
知识量	少	多
知识层次	浅	深
知识面	窄	广
难易度	易	难

(2)在老师的教学方法层面上,小学生处于从以直观形象思维为主逐步向抽象逻辑思维过渡的阶段,因而决定了小学的教师通常采用直观形象的教学方法,教学过程比较细腻,知识间的坡度小、思维跳跃小,这样便于学生理解。进入初中后,由于学科的增加和知识难度的增大,每堂课数学知识的容量、抽象性和逻辑性加大,教学进度较快,思维跳跃大,会导致部分学生不适应。

(3)我们的学习方法也需要及时改变。初中数学无论在教材的编写还是课堂教学上,都注意培养学生自主学习的方法和能力。初中比小学的课程多、难度大,老师再无精力辅导每一个学生,要求学生有较强的自学能力。这种自学能力包括课前预习、课后复习、认真记笔记、独立完成作业等。对于多数初中学生而言,自学能力的形成是一个相对较长的过程,本书也会引导大家逐步形成这种能力。

(4)初中生和小学生的思维方式有较大不同。小学生的思维以具体形象思维为主,随着年龄的增长逐步向抽象思维过渡。小学生在理解和掌握数学概念、公式、规律等知识的过程中,一方面需要借助直观手段,另一方面也要运用类比、归纳等合情推理以及简单的演绎推理。如在学习长方体的体积公式的推导时,我们借助实物操作进行探索,通过几组数据归纳出体积公式,这其中应用了合情推理;再通过正方体是特殊的长方体,得出正方体的体积公式,这其中又应用了简单的演绎推理。

当然,这种演绎推理的应用是简单的、少量的。当我们升入初中后,随着变量和演绎推理证明等知识的引入和增加,对大家的抽象思维水平和判断推理证明能力的要求不断提高。例如,在初中学习有理数的运算法则时,尽管法则的学习过程有数轴作为直观工具,但是法则的总结概括以及对法则的理解和运用,还具有一定的抽象性。

让我们再回到开始的那个问题。为何在申请美国顶尖大学的学生中,有超过50%的学生都答错那道看似简单的题目?关键还在于它背后隐藏的结构(如下图所示)。

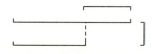

在这本书里,我会沿着"算术—代数—几何"的路径,帮助你完成从小学到初中的思维衔接;我也会把 3 大数学思想、8 个解题框架、17 个关系结构穿插其间,与你分享。学习完毕,你看待数学问题的视角就会发生某些变化,你就不会再经常被自己的直觉欺骗啦!

我们开始吧!

第 1 章 算　　术

上帝创造了整数，所有其余的数都是人造的。

——克罗内克

　　从整数、分数和小数，再到有理数和无理数，为了顺应现实生活的需要，数的概念在不断延展，但在低级运算不断发展到高级运算的背后，我们可以感受到清晰的框架。

　　在本书的第一章，就让我们从"数轴"这个最简单的框架出发，踏上"数与运算"的进化之旅吧！

1.1 有理之数

2020 年 7 月,成潇完成了小学的学业,盼来了难得的暑假。

"终于结束了! 我的小学生涯!"

"'凡是过去,皆为序章。'莎士比亚爷爷曾经这样教导我们……"

"别……别……怎么这么快就给'序'上了呀! 这是小学最后一个暑假好不好? 小学还没翻篇呢!"

"我的朋友,其实我们没有必要把小学和初中截然分开,是不是? 它们真的是彼此交融,不分你我!"

"让我休息两天吧,坑爹先生!"成潇保持着极高的警惕性。

"'道生一,一生二,二生三,三生万物。'那是一个很久远的故事……"看这意思,老爸是要"强行启动"了。

"怎么背起《道德经》来了,老爸,你是越来越玄乎了!"成潇已习惯了老爸的风格,与其"拼死抵抗",不如"坦然接受"算了,更何况他对国学有些兴趣。

"这里的'道'其实就是0,自然数里的第一个数,后面的1,2,3……都是随之产生的,是对古人结绳计数的第一次升级……"

"那第二次呢?"

"他们把两个自然数放在一条短线的上下,类似这样的,$\frac{n}{m}$,注意,这里的 m 不能为0。"

"分数呗!"

"是的!但分数可是小学数学的一道'坎'啊,很多同学感到困难,尤其是分数通分,直到现在,很多国外大学名校的学生,还会闹出这样的笑话:

$$\frac{1}{m}+\frac{1}{n}=\frac{1}{m+n}, \quad \frac{b}{a}+\frac{d}{c}=\frac{b+d}{a+c}$$

他们就纳闷了,分数加法,怎么就不能按照自然数的加法法则进行呢?"

"当然不行!"

"为什么呢?"

"啊……这能有什么道理可言!"

"这个世界上,所有的事都是可以用道理来解释的哦!对于自然数而言,它是'孑然一身',一个数就是一个数;但对于分数来说,每个分数的背后都有一个'家族',比如说:

$$\frac{1}{2}=\frac{2}{4}=\frac{3}{6}=\frac{4}{8}=\cdots=\frac{m}{2m}=\cdots$$

$$\frac{1}{3}=\frac{2}{6}=\frac{3}{9}=\frac{4}{12}=\cdots=\frac{n}{3n}=\cdots$$

只不过在很多场合下,最简分数被当作了整个家族的代表,经常由它来抛头露面,但到了具体做运算的时候,还要请出最合适的家族成员来参与其中!比如说,$\frac{1}{2}+\frac{1}{3}$ 的时候……"

"请出 $\frac{1}{2}$ 家族里的 $\frac{3}{6}$ 和 $\frac{1}{3}$ 家族里的 $\frac{2}{6}$!"

"聪明!"

"这不就是找出两个分母的最小公倍数吗?"成潇似乎有些不屑。

"这其实是为了符合数学中'对应'的原则,是一件大事!"

"好吧,接下来该谈谈小数咯!"

"非也非也！有了许许多多的分数，以及由他们组成的家族，我们可以去干更有意义的事啦！"

"那没有了小数，也不完整啊！"

"别着急，我的朋友，绝大部分的小数只是分数家族的小小分支而已！"

"可我们是先学小数再学分数的啊！"

"哈哈，这可是典型的'归因谬误'①中的一种哦！数学教材中，小数在分数之前出现，可不是因为小数比分数更重要啊！仔细想想，在小学阶段，除了 π 之外的小数是不是都可以用分数来表示？"

"哦……老爸，我依旧无法苟同啊！"成潇故意把"苟"字说得很重，"所有的分数都可以用小数来表示，应该让小数去包含分数呀！"

"对方辩友，我同意你的说法！但是，我们之所以抬高分数的地位，是因为整数也可以很轻松地写成分数形式，你看：

$$3 = \frac{3}{1} = \frac{6}{2} = \frac{9}{3} = \frac{12}{4} = \cdots = \frac{3m}{m} = \cdots$$

接下来，我们就可以继续扩大数的范围了！"

"怎么扩？"

"我们把所有能写成两个整数之比形式的数，统称为'有理数'！"

"那不能写成这种形式的数，就是'无理数'咯？！"

"差点被你蒙对了！"

"没道理，无厘头！你刚刚还说世界上所有的事都是有道理的！怎么转眼就'无理'了呢？"

"嘿！你小子在这等着我呢！好吧，我坦率地承认，之所以出现这么尴尬的情况，完全是拜糟糕的翻译所赐！"

"翻译错了？"

"嗯，有理数（rational number）的原意就是'能被表示为两个整数之比形式的数'（a number that can be expressed as the ratio of two whole numbers）的意思，而不应该直译为'有道理的数（有理数）'！"

"貌似翻译为'可比数'会更好一些！"

---

① 归因谬误的第一种是假因（false cause 或者 non causa pro causa），是指在没有足够证据的情况下所做的归因。例如，"你父母给你起名叫'丰收'，那他们肯定是农民"。当然，这个推断可能对，但仅靠名字是不充分的，一个人的名字并非推断他们父母职业的可靠信息。

"同意。还有必要补充说明一下,从整数、分数到有理数,我们不仅仅把数重新归类整理了,我们还把它们从正数和零扩展到了负数,于是,就有了负分数、负整数……我们用下面这个'拱门'来表示它们的关系,注意,不是'金拱门'啊!而且,你看到没有,不论我们怎么分,最终都是五个部分!"

	正有理数	0	负有理数
整数	正整数	0	负整数
分数	正分数		负分数

　　"老爸,你一提金拱门,我就饿了!下课下课,吃饭去了,回见!"
　　"贪吃贪睡,不可教也!"

1.2 数之框架

吃完饭,成潇又来劲了。

"老爸,你悄悄地和我说句实话,把数从自然数一步步扩展到有理数,真的有意义吗?我们平时很少用到负数或 π 啊!"

"干嘛要悄悄地啊!我扯着嗓子也敢说:一定有意义!"

"声音小点……有理不在声高嘛!举个例子呗……"

"别着急,咱先把道理捯饬明白!打个不太恰当的比方,这小学数学啊,好比是不会武功的两个人互相掐架,一旦找到对方的要害就往死里揍;初中数学呢,则好比是武侠小说里的'练家子',一出手就能隐隐看出招式和门派……"

"那你先给我说说怎么找到要害,我喜欢'一招制敌'!"

"嘿嘿,问题是很多时候,对方水平高,你根本看不到破绽啊!"

"你的意思就是题目难呗!咱先整点简单的题目不行吗?"

"就按你说的办,先来点简单的!不过,我们需要先认识一件'兵器'!"

"兵器?是刀枪剑戟,还是斧钺钩叉?"

"它的形状像枪又像剑,数轴是也!"

"我以为啥宝贝兵器呢!不过是一个数轴,我们小学就学过啦……"

"别小看它!在初中,数轴是我们开始领略'数形结合'这一数学思想之美的第一位向导!刚刚我还说了,初中数学比小学数学更讲究'招式',一个能把面前的题目和数轴有效结合起来的学生,就好比武林巅峰聚会上,使得一手漂亮拳法或剑法的翩翩少年,出身少林、武当、昆仑、华山等名门正派,又岂是神龙教、五毒教等旁门左派的弟子可以比拟的!"

"我就快要被你说服啦,快上题吧!"

"请比较 a^2 和 a 的大小!"

"这么短?"

"有志不在年高,好题不在字多!"

"一套一套的……套路啊!"几秒之后……"简单,a 比 1 大时,a^2 大于 a;a 等于 1 时,a^2 等于 a;a 比 1 小时,a^2 小于 a!怎么样,我考虑得挺全面吧!"

"抱歉,这还只是小学生的回答呀!你要知道我们已经把数扩展到了有理数的范围啦,可是包括了负数的!"

"呀!这是我一个小小的疏忽!"

"别给自己找理由啦!你的'招式'就不对啊!数轴在此处就应该派上用场咯!你看,数轴本身就是一个框架,从左到右,排列着从小到大的许多数,但是,有三个点非常关键:-1,0 和 $+1$,它们把数轴分成了四个区域:小于 -1 的数、大于 -1 但小于 0 的数、大于 0 但小于 1 的数,以及大于 1 的数。数轴上的这四个区域和这三个关键点,就是我们思考'比较有理数大小'这类题目的框架啦!"

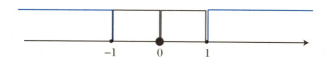

"我来试试这件'兵器'吧!"

过了一会,老爸问道:"咋样了?名门正派的兵器耍起来感觉不错吧!"

"你别说,虽然麻烦了点,但思路清楚了不少!"

"这就好比用手吃饭和用筷子吃饭,麻烦只是暂时的,便捷才是长久的!"

"那你所说的这些'招式'究竟是什么呢?就是解题的方法吗?"

"我先问你一个问题。你见过不用一根钉子、一滴胶水做成的衣架吗?"

"没有。"

"2014年，一个仅由6条不同长度的木条构成的衣架，获得了素有设计界'奥斯卡'之称的红点设计大奖。寥寥几根木头的拼接，就做出了原来需要不少钉子和胶水才能做成的衣架。传统的数学学习方法需要记不少公式、刷海量题目，就好比是用钉子和胶水做衣架，杂乱连接，生硬拼凑，效果自然不会好。而框架思维，看清楚各个数量之间的天然联系，理顺彼此的位置关系，再加上一些精选的题目来不断加深理解，优化框架，数学当然就不难学啦！"

"哈哈，数学，这样学就对了！"

"此处有广告嫌疑哟！不过，客观地说，框架思维至少有三点优势需要我们结合初中数学再去慢慢体会：首先，解题更快。初中数学题型的变化比小学要丰富不少，但其背后隐藏的核心框架并不多，我会慢慢说给你听，吃透这些框架，解题速度一定会加快，因为我们看到了题目背后的'题目'，掌握了题目文字背后所要描述的本质关系。还记得《教父》里面老教父的那句名言吗？"

"抱歉，我只记得那些枪战场面啦！你说的是哪一句？"

"'在一秒钟内看到一件事本质的人和花半辈子也看不清本质的人，自然是不一样的命运。'数学学习何尝不是如此！"

"第二点优势呢？"

"你相信吗？99%的学生在做一道数学题时，脑海中一定会浮现出自己曾做过的题目中，和这道题最类似的某道题，回忆自己当时的解题方法，再去寻找眼前这道题的解题之道……"

"没毛病啊，我就是这样的！"

"一般没毛病，除非遇到坑。"

"坑？还能有你'坑'吗？"

"哈哈，比我'坏'的出题老师多了去了！'见题想题'就很容易掉入出题老师的陷阱，'见题思框'才能冲破迷雾啊！"

"见题思框？"

"是的，框者，框架也！这就是框架的第二点优势，减少出错，做题更准！"

"好吧，我几乎就要被你说服了！快说第三个优势吧！"

"更清晰！初中数学从数到式，从几何定义到命题论证，从算术思路到方程思想，无不体现出对抽象思维能力的要求，越是这样，越容易雾里看花，似懂非懂。这时，借助框架，找到概念之间的普遍联系，发掘题型背后的本质规律，再通过'一题多解'去寻找联系，通过'多题一解'去探寻本质。此时，解数学题就好比站在九寨沟的湖水旁，层次分明，清澈见底！这可是高效学习应有之义啊！"

"好像是这么回事！"

"来，再来两道题目，体会一下数轴上'三点四区域'解题框架之威力！"

"好的！"

"先比较 $\dfrac{1}{a}$ 和 a 的大小，再比较 ab 和 a 的大小，注意，第二题可是达到竞赛难度了哦，期待你用这个框架收拾了它！"

1.3 差 亦 有 道

"老爸,有理数都排好队放在数轴上了,也有了比较大小时的思考框架,我们是不是可以进行下一步的操作了?"

"别着急,我们先把小学数学解题框架整理出来,再向初中数学进军,会更有把握!你看,小学数学的疆域内可以划分出'数'与'形'两大王国,在'数'的王国里,简略地说,解题心法就是一句话:心中默念'以不变应万变',眼中却盯紧差异所在,用'黄金三角'破解数量关系,借助'量率对应'轰开问题的'原子核'——一份量或单位'1'。"

"看起来挺有道理的样子,可你这是四句话啊!"

"明明只有一个句号。所以是一句话!"

"我晕,不和你计较了,你逐句解释一下总可以吧!"

"这个可以有!这'以不变应万变'是要我们在千变万化的题目背后找到不变的东西,可以结合解题来逐步体会,我先来说说如何找准差异吧!"

"这简单!做个减法,差异不就乖乖地'束手就擒'了吗?"

"我的朋友,真的是这样吗?我们就拿经典的'龟兔赛跑'问题来举例吧!我们假设先后跑了三次,乌龟每次一开始的时候都领先 100 米。第一次赛跑,兔子在终点正好追上乌龟,这个时候的路程差好算:100 米!第二次呢,兔子有些偷懒,乌龟到达终点时,兔子居然还落后它 60 米,这时候,它们跑过的路程之差就是 100 米 − 60 米 = 40 米啦!第三次,兔子知耻而后勇,化身'雷电隐者',率先通过终点,并且反超乌龟 60 米!请问,此时它们所走过的路程之差又是多少呢?"

"慢着慢着,我来量上一量!不好量啊……嘿嘿,聪明如我,有办法啦!可以把乌龟跑的这段往后移动 100 米,啊哈!看出来了,距离相差 100 米 + 60 米 = 160 米!"

"但你有没有发现,这次求差,你用的并不是减法哦!"

"咦?是加法哎!"

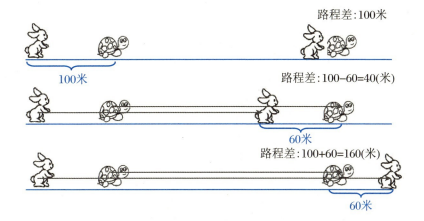

"别急别急,再来一例!话说一次挑战赛之后,前三名分别是小明、小刚和小华,依次登上领奖台,小刚和小华虽然在比赛中输给了小明,依旧不愿意服输,打算再和他PK一下身高!我把PK的结果画在了下面的图中,你能看出他们的高矮顺序吗?注意,'1''2'和'3'分别代表第一名小明、第二名小刚和第三名小华。"

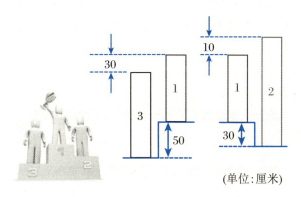

(单位:厘米)

"我来看一下……这高高低低的,太难看出来了!"

"你可以再用一下'龟兔赛跑'中挪动线段的方法啊!"

"好嘞!似乎看出来了,小明比小刚矮40厘米,比小华矮20厘米……小华最高!小刚第二,小明嘛……最矮!"

"'夺命连环三问'之第三问来啦!话说小明每天早晨从家步行去学校,有一次,他早出发了15分钟,途中遇到小红,进行了一次热烈的交谈,结果却迟到了10分钟;第二天早上,他依旧提前15分钟出发,途中对小红视而不见,一路撒丫子狂奔,结果提前10分钟到校。请问哪次用时最短?"

"这题简单……老爸,你真是名副其实的'坑爹'啊,这道题没有线段可移了!然而……这并不能难住我,标上时刻就OK啦!用时最短的居然是'正常情况'下!"

"这种时间的问题,比较抽象,容易错,没想到你用笨办法还是搞定了!但是,不用'移动线段'或'标注时刻'的办法,能不能在十秒之内快速给出答案呢?"

"这个……你真难为我……"

"哈哈,别忘了,框架思维的三点优势中,第一个可就是'解题更快'噢!而且,我们的第一个解题结构——'差之判断'就要横空出世啦!它简洁到只有8个字——'同向则减,反向则加'。"

> 结构1:同向则减,反向则加

"这个好用吗?"成潇半信半疑。

"你看,'龟兔赛跑'中,乌龟开始领先,后来还领先,这是'同向'吧?是不是做减法求路程差?而当它开始领先后来落后的时候,则为'反向',那就应该用加法求路程差。这不正是'同向则减,反向则加'吗?而在三个人领奖台上比身高的例子中,小明头比小华高,脚还比小华高,是'同向'的情况,两人的身高之差是不是做减法?而当小明和小刚比时,小明的脚依旧比小刚高,但头却比小刚低,按照'反向则加'的要求,身高差不就是 10 + 30 = 40(厘米)吗?"

"你别说,还真是这么回事!我来试试第三题啊,出发时提前,到达时推迟,求时间差是加法;出发时提前,到达时依旧提前,真的应该用减法!"

"这比你分别给出发和到达标上具体时刻,是不是要快一点点?"

"别嘚瑟啊,老爸,你没发现你举的例子都很老套吗?男主角总是离不开小明啊!"

"嘿嘿,这可是我的一个重大发现:小学和初中数学的课本里,小明是当之无愧的'男一号'!可到了高中课本里,他突然就'销声匿迹'啦!"

"这是为什么呢?"

"也许是高中数学课本的编辑叔叔们感觉'小明'这个名字过于幼稚了,不适合高中生吧?"

没想到成潇竟然严重反对:"No! No! No! 这背后的道理很简单,小明在小学和初中时,就已经是名震天下的大网红,各种复杂'操作'不胜其烦,他没有时间去上高中啦!"

"我承认你又让我脑洞大开了……"老爸不禁赞叹道。

1.4 飞轮转换

仲夏夜晚,成潇正躺在沙发上看《古希腊的珍宝》,老爸慢悠悠地走了过来。

"古希腊,怎样的一个时代啊!演说家、数学家、哲学家扎堆在路边聊天,多么低调的奢华啊!"

"这是介绍古希腊文物的纪录片,不是说人的!"

老爸似乎没听到成潇的提醒,继续喃喃说道:"你看,当远古人类发明了数并用来描述这个世界时,他们其实一直有两种选择:一种是用具体的数字来精确地描述数量的大小、多少、长短,例如:3千米,0.5小时,$\frac{3}{8}$千克;另外一种是用抽象的比较来对比两个或更多个数量的大小、多少、长短,例如:甲是乙的3倍,丙是乙的$\frac{4}{5}$。于是,我们把这两种描述方法所采用的数,分别称为'量'和'率'。

```
┌─────────────────────────────────────┐
│ 量                                   │
│                                      │
│   0.5 m², 7 m³, 5 kg, 5/6 小时, 7/9 升, 20 年……  │
│                                      │
│ ～～～～～～～～～～～～～～～～～  │
│                                      │
│   3 倍, 6:5, 5/8, 35%……              │
│                                      │
│ 率                                   │
└─────────────────────────────────────┘
```

生活中，只有当我们既用具体的描述，又用抽象的比较时，才能把问题完全说清楚，例如：明天早晨八点预计温度为 20 ℃，比今天高一些。如果你愿意用更为精确的数学语言，'比今天高 $\frac{1}{9}$'，那么对方就更清楚明早热不热，应该比今天少穿多少衣服了！

量 ÷ 率 = 一份量或单位'1'

更为神奇的是，当'量'和'率'之间用除号连接的时候，运算所得的商就是一份量或单位'1'，它们在数学世界中的作用，就相当于客观世界里的原子，是组成这个世界的基本单位之一。"

"巧了巧了，刚才纪录片说到了德谟克利特斯，就是他'发明'原子的！"

"原子不需要发明，它是客观存在的……其实，在德谟克利特斯之前，已经有另外两位哲人，帕梅尼德斯和赫拉克里特斯……算了，说这么长的名字你也记不住，我就暂且称他们为帕同学和赫同学吧！他俩围绕着'世界万物是变化的还是不变的'这个话题展开了激烈的争吵……不，是争论！帕同学说，水永远不会变成鱼或蝴蝶，所以世间万物是不变的；赫同学呢，一不小心就说了一句流传数千年的话——'人不可能在同一条河流中涉水两次'，今天的河流绝非昨天的河流，帕同学，你说是变没变呢？"

"貌似都有道理啊……但这和学数学有啥关系？"

"成潇同学，请注意你的素质！猴急啊……好吧，我问你，数学题是变化的，还是不变的？"

"当然是变化的，如果不变，那我次次都能考满分！"

"可实际上，你每次考试遇到没把握的问题时，是不是审题时总感觉似曾相识,做完题又不确定对错呢?"

"嘿嘿,你别说,还真有……"

"好好听着……此时,德谟克利特斯,简称德同学,面露迷之微笑走了过来,提出了'原子理论':世间万物都是由不可拆分的基本粒子——原子构成的,水的原子当然也可以重新组合成为鱼或蝴蝶的原子,前两位同学说的都对哈!"

"德同学太圆滑……简直是狡猾啦!"

"嘿嘿……尽管后来的科学发展证明了原子并不是物质构成的最小单位,但德同学确实回答了一个重大的哲学问题:这个世界到底是变化的,还是不变的?"

"这个世界往大里看,是变化的,但往小里看,又是不变的!"

"或者这样说,这个世界从表象上看是变化的,但本质上又是不变的!现在你是不是觉得古希腊的这些先哲很牛了?要知道,他们所处的那个时代可是连放大镜都没有啊,根本无法用实验的方法探索物质结构,完全凭自己的逻辑思考得出了这些重大论断!从这个角度来说,知识并不总能给我们带来智慧,只有思考才可以。"

"老爸,其实我知道你最想说的是啥:做题并不能学好数学,只有做题之前想,做完了还想,也就是'多思',才能真正搞定数学!"

"你这一刀补得不错啊!索性,我就再补一刀吧!你看这个图:

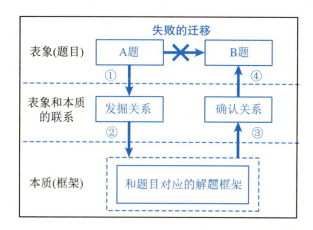

真正的解题是一个先'沉下去',再'浮起来'的过程,如果仅仅从 A 题'裸奔'到 B 题,只寻求 表象解,往往是一次失败的迁移。我们只有向下挖,发掘出题目中隐含的各类 数量关系 或 图形连接(这些数与形的关联我们统称'联系'),才能找到底层的基本框架,也就是德同学所说的'不可再分的基本粒子';再浮起来,确认这种联系的真实有效,才算是找到了这类问题的 根本解 而非表象解,才可以真正地做到举一反三、触类旁通。"

"原来数学解题是这么一回事啊!"

"其实,这也可以补充说明框架解题的第二个优势(减少出错,做题更准),杜绝了鲁莽草率的迁移,认真发掘题目背后的框架,自然就会更少犯错,解题更准啦!"

"拿一道题目来举个例子吧!"

"好的,请听题:某工程队修一条路,第一周修了这条路的 $\frac{2}{9}$,第二周修了 58 千米,两周后,剩下的路比已经修的短 40%,这条公路全长多少千米?"

"这题求的是单位'1',应该用'量率对应',题目中的'量'只有一个:58 千米,我们只要知道和它对应的'率'就可以!"

"有点少林武当弟子'出招'的感觉了!此题的难点就是找到和'量'对应的'率',在小学数学中,'率'可谓变化多端,但也逃不出四种形式:倍数、比、百分数、分数,简称'倍比百分',为了搞定'率'之间的转换,为师再传你一件'兵器'——流星锤!"

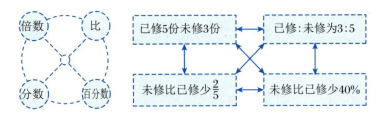

"别,别,别!这家伙不好使,容易砸着自己!"

"也不看看是谁人教你用啊!保持专注,看这里:

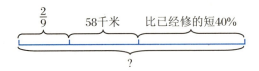

题目给的第一个'率'是 $\frac{2}{9}$,又告诉我们,未修的比已修的少 40%,我们只要把这个百分数也转化为分数即可!怎么转化?'流星锤'来也!'未修的比已修的短 40%',已修的就是 5 份,未修的就是 3 份,已修的就是 $\frac{5}{8}$。好了,和 58 千米对应的就是 $\left(\frac{5}{8}-\frac{2}{9}\right)$ 了!量率可以对应了:$58 \div \left(1-\frac{3}{8}-\frac{2}{9}\right)=144$(千米),是不是很简单?"

"确实不复杂!可你这流星锤'一拖四',有点怪怪的啊!"

"刚才为师我展示的只是从'百'向'分'和'倍'的转化,其实这一根铁链上的四个大锤子都可以彼此直接转化的,徒儿你平时可要经常舞动,勤加练习,把兵器使唤得越熟练,关键时刻杀敌才能越勇猛啊!"

"徒儿知道了,这就去操练!"

1.5 有理之算

暑假的时间一天天过去,成潇也慢慢走入了初中数学的世界。

"打群架啦!"

"就你一个人在书房,有何群架可打?"老爸循声而至。

"你看,四则运算变成了五则运算,而且正数、负数、零都放在一起算了,这不是打群架是什么?"

"你怎么学会网上'标题党'的伎俩啦!你别说,有点道理啊,不过,我们依旧可以在变化的背后,找到不变的框架!这次我直接'抖包袱'啦!"

结构2:有理之算(见下图)

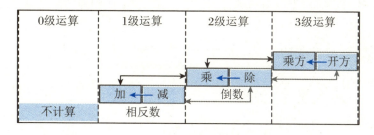

"好像四级楼梯哎!不对啊,怎么还有'不计算'啊!"

"别急,听我慢慢道来!'不计算'最不作为,当然是0级!往上走,加减是同一级运算,乘除也是同一级,但比加减高一级,最上面,是乘方和开方,它们是最高级运算,处处受优待,别人都得给它俩让路!"

"这个简单!我接着来说,相反数把减法变成了加法,倒数把除法变成了乘法,从此天下就没有了减法和除法!"

"有点少年剑客号令武林的感觉啊!继续……"

"这加、乘、乘方怎么都加了框线,还有箭头连接?老爸,你想表达什么?"

"这是数的运算在发展时的一条主线,乘法是加法的'简便运算',乘方又是乘法的'简便运算'。注意看,下面是一条副线,从减法到除法,再到开方,就不难理解了。"

"可为什么是双向箭头呢?难道还能从乘方到乘法、从乘法到加法不成?"

"你猜对啦!数的运算,时而向上走,是升级,时而也会向下走,就是降级!"

"我需要一个例子来理解。"

"好嘞!你看,$8a^2 \times 7a^3 = 56a^5$,运算符号是乘号,但只有系数是和运算符号'同步并肩'在做乘法,而指数呢,却总会'落后一步',降级做加法啦!同样的,$8a^{3n} \div 4a^{n-2} = 2a^{2n+2}$,也是这个情况,系数做除法,而指数就做减法啦!很多同学没有掌握这个规律,在进行幂运算的时候就非常不适应了!"

"那这个'不计算'到底啥情况?我怎么看怎么别扭啊!"

"你好像有轻度强迫症啊,哈哈,给你一个例子治愈一下!$2a^2 + 3a^2$ 等于多少?"

"太瞧不起人啦!$5a^2$!"成潇喊道。

"你看,这系数是不是正常相加,而指数呢……"

"保持不变。哦!这就是'不计算'。"

"答对了！其实，这都不是这幅图的精髓所在，它真正想表达的是一种'在流变的后面找不变'的思想，还记得赫拉克里特斯同学所说的'人不可能在同一条河流中涉水两次'的名言吗？用变化的视角来看待问题无疑是一种进步，但只有结合寻找不变的数学意识，这种视角才有真正的意义！"

"老爸，我似乎必须同意你这种观点了！"

"为什么说'必须'？"

"你看，在你画的这个结构里，我们小学就学过的'倒数'把所有的除法都变成了乘法，这是'画乌龟'的方法……"

"画乌龟？"

"逗你玩的啦！是化归方法……"

"小小地纠正你一下，'化归'绝非是一种方法，它的应用范围太广啦！把它称之为'数学思想'会更合适一些。"

"好吧，请关注重点，我想表达的是……"成潇模仿老爸的语气，"七年级的'相反数'则把所有的减法都变成了加法，这又是'化归'的思想，虽然'倒数'和'相反数'分别是小学和初中的知识，但它们都体现了同样的数学思想！"

"是的，我的朋友，更有趣的是，乘法是当加数都相同时的简便运算，乘方呢，则是当因数都相同时的简便写法，我们在初中所说的有理数'五则运算'本质上就是加法运算啦！想当初，加法是数学史上最先出现的运算，由它发展出了减法、乘法、除法和乘方，现在又返璞归真啦！"

"别高兴得太早，老爸。这个又是减号又是负号的家伙，虽然把减法变成了加法，看似简单了，但实际上我总是很难分清它什么时候是减号，什么时候又是负号！"

"'同是天涯沦落人，相逢何必曾相识'！其实，很多刚进入初中的学生，都在这个问题上'乱'过一阵子，但总有些人较快地走出了这种混乱，有些人呢，直到七年级快结束了，还在'云中漫步'呢！"

"有何妙计，快快说来！"

"所谓'妙计'，无非就是厘清概念，有效练习。"

"具体点吧！"

"首先，我们要明白，这个短短的小棍'－'，它有三个可能的身份：减号，负号,某个数或字母的相反数。为了以后学习方便,我建议你只把当作减号用的'-'看作运算符号,而在这个小棍被当作'负号'和'表示某个数或字母的相反数'时,看作性质符号。"

"那在小短棍分别表示运算符号和性质符号时,为啥不用两个符号来分别表示?这不是故意把人弄迷糊嘛?"

"哈哈,你这个问题很不错哦,但数学家这么做,也是有道理的呀!你看下面这几种情况:

$$-7 = -7$$
$$-7 = -(+7)$$
$$-7 = 0 - 7 = 0 - (+7) = 0 + (-7) = -7$$

第一种情况,就是 -7 这个负数,很好理解;第二种情况,我们把 -7 看作是 $+7$ 的相反数;第三种情况,我们把小短棍看作是减号,前面没有数,就是 0 减 7,根据有理数的运算法则,也就等于 0 加上 -7,结果还是 -7!你看,不管哪种情况,结果都是一样的,也都可以理解,那为啥还要用两个符号分别表示而人为地切断这种联系呢?"

"厘清概念,接下来就是有效练习啦,老爸,出道题目吧!"

"好!不过,我的问题,你懂的,都是魔鬼之问!"

"放马过来!"

1.6 欲速不达

接下来,老爸在纸上写了一个巨长的式子:
$$1\frac{1}{8} - \frac{17}{8} \div \left(-3.7 \div \frac{2\frac{4}{17}}{17} \times \frac{17}{16} \div 1.85\right) \times \left(-\frac{3}{4}\right)$$

"五则运算就不说了,又是分数又是小数,老爸,还能再出复杂一些吗?"

"我觉得对你已经可以了!开工吧!"

"切!"说实话,虽然题目长了点,但成潇还是没太拿它当回事的,不到一分钟,他喊了出来:"计算结果是 $-\frac{3}{8}$!"

"再给你一分钟!"

"几个意思?不对吗?"

"对就不会让你再算啦!"

接下来的一分钟,成潇真是一丝不苟地算了,也发现了问题:"嗨!这个 $1\frac{1}{8}$ 和 $\frac{17}{8}$ 不能先减!四则运算顺序弄错了,有点丢人啊!正确答案是 $\frac{21}{64}$!"

"不出所料啊!"

"啥意思,难道还是不对?"

"对还让你算啥呢?我猜你看到 $\div \frac{2\frac{4}{17}}{17} \times \frac{17}{16}$ 就一阵窃喜,心想'终于被我找到容易算的了,这不是1嘛!',是不是?"

成潇不好意思地低下了头:"老爸,莫非你会读心术?"

"读啥心啊,你以为的独家秘籍可能只是'学霸'的日常功课,而你以为只有你偶尔掉落的陷阱,可能'阱口'早已车水马龙了!"

"怎么听着那么像你在骂我们是'学渣'啊!"

"这个意思倒没有,我只是想说学生犯的错,老师都能预见!我何时说过'学渣'二字,最多也就是'学民',介于'学霸'和所谓的'学渣'之间!其实哪有什么'学霸''学渣',只不过有些孩子受到了兴趣的激发和方法的引导,而另外一些孩子没有机会接受这样的帮助而已!"

"说点实在的呗!这题到底咋做的,怎么这么迷糊人呢?"

"学好数学其实需要具备四大习惯或能力,它们分别是'审题''思维''计算''检查','审题'和'检查'是习惯,'思维'和'计算'则是能力。寺庙里的四大金刚护持的是佛法,这四个习惯或能力'护卫'的可就是你的数学成绩啦!它们彼此独立,又互相联系,你只有在这四个环节上都做到接近完美,数学才有可能考到90分以上哦!"

"太夸张了吧!接近完美?我觉得考90分很容易啊!"

"我帮你算一下吧,如果每个环节都只有90分,四个0.9相乘,$0.9 \times 0.9 \times 0.9 \times 0.9 = 0.6561$,最后只有66分的成绩哦!"

"太可怕了!刚才我就是这样掉坑里的吗?"

"我刚才观察了一下,你的'审题'没问题,主要问题还是出在后面三个环节上,首先,你真清楚'该怎么算'这个'思维'问题了吗?能不能用语言表述一下?"

"就这样算呗,有啥说的?"

"有理数的五则运算法则可以描述为这样一个结构:

结构3:有理数五则运算法则
1. 去括号法则:按照"小—中—大—外"的顺序;
2. 五则运算优先级:高级(乘方、开方)—中级(乘除)—低级(加减);
3. 同一优先级运算的顺序:同级运算从左到右;
4. 指数的管辖范围:"铁路警察"各管一段。

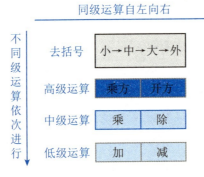

只有把这些运算法则捋清楚了,每次计算的时候才能按照烂熟于胸的规则毫不犹豫地去执行。接下来,就是'如何算对'这样一个'计算'能力的问题了!在这个问题上,你还是要相信,'两点之间最短的路线是一条曲线'!"

"开啥玩笑!两点之间直线段最短啊!"成潇诧异地喊道。

"我们在各说各话哦!你说的是欧式几何中的公理,而我,讲的是黎曼几何里的一个常识。其实在日常生活中,我们都知道欲速则不达的道理,但在做事情的时候,一定会急于求成。因为心理学家发现,对于那些发生时间离我们近的事物,人类总喜欢夸大它的作用,而对那些发生时间更久远的事,总是容易贬低甚至忽略它的功效,这被称为'近因效应'。我们总认为这样的计算是越快越好,也能够越快越好,因为它很'简单',但事实的真相是,那些计算速度快、正确率高的人,几乎无一例外地经历过'慢'的阶段,'慢'到你无法想象。"

"你是说我算得太快了?"

"准确地说,是按部就班的'慢'练习做得少了。你看,这道题完整的计算过程应该是这样的:

$$1\frac{1}{8} - \frac{17}{8} \div \left(-3.7 \div \frac{2^4}{17} \times \frac{17}{16} \div 1.85\right) \times \left(-\frac{3}{4}\right)$$

$$= 1\frac{1}{8} - \frac{17}{8} \div \left(-3.7 \times \frac{17}{16} \times \frac{17}{16} \div 1.85\right) \times \left(-\frac{3}{4}\right)$$

$$= 1\frac{1}{8} - \frac{17}{8} \div \left(-\frac{37}{10} \times \frac{17}{16} \times \frac{17}{16} \div \frac{37}{20}\right) \times \left(-\frac{3}{4}\right)$$

$$= 1\frac{1}{8} - \frac{17}{8} \div \left(-\frac{37}{10} \times \frac{17}{16} \times \frac{17}{16} \times \frac{20}{37}\right) \times \left(-\frac{3}{4}\right)$$

$$= 1\frac{1}{8} - \frac{17}{8} \div \left(-\frac{17}{8} \times \frac{17}{16}\right) \times \left(-\frac{3}{4}\right)$$

$$= 1\frac{1}{8} - \frac{17}{8} \times \left(-\frac{8}{17} \times \frac{16}{17}\right) \times \left(-\frac{3}{4}\right)$$

$$= 1\frac{1}{8} - \frac{17}{8} \times \left(-\frac{8}{17} \times \frac{16}{17}\right) \times \left(-\frac{3}{4}\right)$$

$$= \frac{9}{8} - \frac{16}{17} \times \frac{3}{4}$$

$$= \frac{57}{136}$$

前面这个括号内,这两个互为倒数的分数确实很容易算错,关键还是你对于前面的运算法则是不是掌握得很牢靠了？如果很牢靠,就不会把前面的除号抛开,直接算乘法了！

不过,话说回来,这道题非常考验人的耐心。一步一步算,按部就班地推进,才能最终得到正确的答案。现在的'慢'是为了以后的'快',我们今天大踏步地后退,是为了以后大踏步地前进啦！"

老爸做出一个勇猛前行的动作。

"说起来容易,做起来难啊！"

"别着急下结论,还有最后一个环节'检查'！这个环节好比一张安全网,同学们在前三个环节'失手'了,'不慎坠落'的时候,它可以接住大家,避免跌落坑底,运气好的,把前三个环节重新走一遍,做对了题目,就又爬回了地面,不亦乐乎？"

"那没有检查习惯的同学,就等于自己手动拆除了这张网了。非得把网拆了,再在坑边玩极限运动,跌下来'挂'了怪谁呢？'不作死就不会死'嘛！"

"呵呵……你好像刚才也没有检查啊……"

"那不还是给你催的！好了,你这么说我有点明白了。人家都说'计算能力不是万能的,但没有计算能力,想学好数学是万万不能的',看来有点道理！"

"韩寒同学说:'道理我们都懂,但还是过不好这一生。'同样的,这些道理都知道了,就真的能在数学考试中,确保计算环节一分不失吗？"

"还需要大量的练习,我就猜到你会这么说,是不是？"

"你知道你两三岁的时候为啥总爱哭吗？"

"晕,我不是天才,那时候还不记事呢,我怎么知道？老爸你两三岁的时候为啥哭呢？"成潇"反唇相讥"了。

"至少我现在知道了。两三岁的孩子,已经会说话了,经常哭闹的原因只有一个,他无法准确描述自己到底是累了,还是饿了,还是有什么其他的不爽,所以就处在了一种既着急又难受的混乱状态,如果有人可以引导他准确体会、清晰表达自己的不爽,他往往就会破涕为笑了！"

"老爸,最近你在研究科学育儿吗？"

"哈哈,当然不是,因为你和他们有类似感受,我才需要了解啊！还记得你刚才说过'迷糊'二字吗?"

"是啊,说过,不知算对算错,不知是哪里出了问题,不迷糊吗?"

"是了,你需要在外力的帮助下,清楚地知道自己是在哪个环节出了问题,'思维'环节的问题就必须在'有理数五则运算法则'的领域内解决,同样,'计算'环节的问题也不要去怪罪'检查'环节,需要通过每天适量的计算练习,坚持一段较长的时间来解决!"

"在考前大量练习计算不好吗?古人云,临阵磨枪,不快也光啊!"

"这是什么时代的'古人'啊?!计算,本质上是一种技能,它需要经常在我们的大脑中重复出现,此时频率是至关重要的,至于每次出现的时间长短、强度大小,并不是最为关键的!"

"这明明就是一种'蚂蚁搬家''钝刀子割肉'的伎俩嘛!"

"这可是学习的核心方法之一,记得你小时候背过的《劝学》吗?'不积跬步,无以至千里;不积小流,无以成江海',学习从没有'骐骥一跃',只有'驽马十驾',这可不是'喝鸡汤',而是有着科学道理,并且行之有效的学习方法!"

第 2 章 代 数

数学是符号加逻辑。

——罗素

进入初中后,我们会越来越多地用字母来代替数字,虽然有时会显得抽象,不太好理解,但数学可以描述的事物或现象的范围因此而大大扩展了。

物理学家张首晟曾说,如果世界末日来临,他会带着 $E=mc^2$ 这样的五个公式登上诺亚方舟。牛顿也用一个万有引力公式,穷尽了从微小灰尘到浩渺星球的运动之道。

可以这么说,没有用字母代替数的尝试,就无法用框架去揭示隐藏在万千数学问题背后的普适规律。

2.1 字母之用

"老爸,又到新的一关了?代数?"

"是的,代数,用字母代替数。"

"为什么要用字母代替数?数字多好,1、2、3、4……清清楚楚!"

"话说古希腊有两个人在愉快地聊天,一个人对另一个人说:'我明天想送你 a 只羊,你要吗?'另一个人兴冲冲地说:'当然要啊!'结果你猜怎么着,那个人送了吗?"

"必须送啊,承诺过的事。"

"嘿嘿,他一只也没送,不过他还是很认真地解释道:'我说的 a 等于0!'"

"这也行啊?太狡诈了吧!"

"古希腊有比他'狡诈'百倍的演说家,这真不算啥。"

"原来代数是用来骗人的啊!"

"此言差矣!字母代替了数,至少让数学可以描述更多情况,变得更有用了!你看,我们小学学过的五大运算定律:$a+b=b+a$,$(a+b)+c=a+(b+c)$……不都是用字母来表示的吗?"

"我们老师说,这些公式揭示了内在的规律!"

"是的!如果还用数字的话,我们的注意力就容易被不同数字的外在形式所吸引,无暇去探究数字之间内在的规律。还记得年初时我们大家庭的那次聚餐吗?"

"记得!那家饭店的卤鸡爪真好吃!"

"你看,我们总是很容易被外在的东西所吸引!哈哈!吃饭中途,三姨一家也来了,我们加了张桌子,多坐了几个人?"

"4个人!"

"如果再加10张桌子,一共可坐多少人?"

"10张?这……"

"我们如果关注到每加一张桌子,都是多坐四人,从而写出用字母表达的数量关系式,y(总人数)$=4x$(桌数)$+2$,那么,不管是已知桌数求总人数,还是已知总人数求桌数,是不是都很简单了?"

"字母的威力真大啊!"

"准确地说,是我们拨开数字的迷雾,借助字母这一工具,探寻隐藏规律的思维方式,发挥了巨大的威力!古希腊有一句'奇怪'的格言——只有瞎子才能看得到真理,你现在理解了吗?"

"瞎子看不见表面的东西,所以才能静下心来思考内在的规律啊!"

"就是这个理!上次去科技馆,那个能在3秒之内还原魔方的机械手很牛吧!"

"太不可思议了!怎么可能那么快,我学了好久,还原魔方都还需要5分多钟!"成潇感觉很受挫。

"你有没有发现在魔方的周围,有几个小摄像头?"

"它就是靠摄像头记住每个小方块的颜色,然后还原回去的吗?"

"是红、黄、蓝、绿等颜色中哪一种对它而言并不重要,它把看到的第一种颜色标记为 A，第二种标记为 B……6 种颜色标记好，并给每种颜色中的 9 个色块确定好位置之后，它就会调用公式进行计算，很快就可以指挥机械手把魔方还原。"

"它用的公式和我记的口诀一样吗？"

"不一样。它用的公式不易理解与记忆，但可以更高效地揭示出各个色块当前位置和目标位置之间的联系，也可以说，它使用了更优的算法。"

"你说算法提醒了我，用字母来表示这些颜色，还可以少占用电脑的存储空间，加快运算速度！"

"不愧是参加过 NOIP[①] 的同学啊，很有编程思维啊！"

"其实，字母还可以简化我们的书写，在解题过程中可以用来代替那些经常出现的复杂式子，我觉得不重要，就没说了。"

"但说无妨嘛！"

"老爸，我现在开始觉得，古希腊那个承诺给别人羊的人，还是很厚道的……"

"不是吧，你不是说他狡诈吗？"

"你想想啊，他没说 a 等于 -10000 就很客气啦，否则的话，就不是他给别人羊，而是别人给他羊了，别人注定破产啦！"

---

① NOIP：指全国青少年信息学奥林匹克联赛。

2.2 方程驾到

"老爸,我听好多人都说从算术到代数,是数学思维的一次飞跃,但它们的本质区别在哪里呢?"

"打个比方,如果把要求解的答案比作在河对岸的一件宝物,那么算术方法好像是摸着石头过河,从我们知道的河岸边开始,一步一步摸索着接近我们的目标;而代数方法则完全不同,好比是先搭建一组钢架跨越河流,再将一根绳子穿过钢架,送到对岸拴住宝物,然后再利用这根绳子慢慢地把宝物拉过来,最终获得它。两者的思维方向相反,但是结果必定是相同的。"

"你所说的钢架和绳子是比喻什么的?"成潇觉得老爸说的这两样东西都应该是有所指的。

"你现在越来越会听我打这些比方啦!的确,'钢架'是根据各种数量关系建立的解题框架,'绳子'呢,则是顺着某个解题框架,我们得到的含有未知数的等式,也就是方程,把绳子拉过来的过程,就是对方程进行同解变形的过程,也就是解方程的过程啦!"

"那我就奇了怪了,既然有钢架可走,为什么还要摸着石头过河?就算不被大水冲走,被尖锐的小石子割破脚也不好吧?"

"这就是我说过的'旁门左道'和'名门正派'的区别啦!沿着钢架走,即使不使用绳子,也肯定比从河里走要省时省力还安全啦!"

"那我干嘛还要使用绳子呢?"

"其实,你从远处看到的是绳子,走近一看,还有很多的大小电机与滑轮组,和你摸着石头就跑不同,这可是一个机械化施工队伍,即使宝物再重也能轻松搞定!"

"方程有这么厉害吗?"

"当然!进入初中,我们的数学兵器库华丽升级,方程可是其中最重要的兵器之一!"

"那从哪里找这根绳子呢?"

"老爸总结了一下,发现这根绳子只可能来源于三个地方。"

"哪三个地方?说来听听。"

"第一个是我们已经学过的各种数量关系式,例如,长方形的面积=长×宽,路程=速度×时间;第二个是我们的生活常识,例如,班级的男生人数=班级总人数-班级女生人数,西瓜的总重量=吃掉部分的重量+没吃部分的重量;这第三个嘛,就是题目中给出的特殊数量关系啦,它是每道题目特有的已知条件,题目变了,这种关系也就随之改变啦!比如题目中说,七(15)班男生人数占总人数的65%,则有这样的关系式:班级男生人数=班级总人数×65%。"

"举个例子来说明整个过程吧!"

"就拿鸡兔同笼的原题来举例:今有雉兔同笼,上有三十五头,下有九十四足,问雉兔各几何?算术方法会怎么做?"

"多了去了呀,老爸!画表格、画图形、假设法、面积法……还可以假设把所有兔子的腿全部砍掉一半……"

"啧啧啧……只是解一道数学题,干嘛这样呢?利用简单的生活常识:兔子四只脚,鸡两只脚,兔子的脚数加上鸡的脚数等于总脚数,我们就能构建这道题的'框架':

兔子只数×4＋鸡只数×2＝总脚数

假设兔子有 x 只,鸡就有 $(35-x)$ 只,则可以找到这根绳子：
$$4x+2\times(35-x)=94$$

接下来,就可以拉绳子,也就是确保同解的情况下解方程啦！"

"你刚才说'同解变形'我就云里雾里,现在又来个什么'确保同解'！"

"哈哈,别怕,你先按照等式的基本性质来解方程,一般是可以'确保同解'的。"

"一般？"尽管成潇一头雾水,但还是提笔写了起来：

$$4x+(70-2x)=94$$
$$4x+70-2x=94$$
$$2x+70=94$$
$$2x=24$$
$$x=12$$

"解出来啦！兔子12只,鸡嘛,35－12,是23只！"

"恭喜你,每一步都是同解变形！但如果你在 $2x=24$ 的两边同时乘上0,根据等式的基本性质,等式依旧成立,也就是 $2x\times0=24\times0$,注意,此时方程的解是否发生可变化？"

"不会的！……不对啊，x 怎么取任意数都可以啦？发生了什么！满足等式的基本性质却不能确保方程同解？"

"这就好比你拉绳子的时候，得遵循一些特殊的规范，才能确保你拉回到身边的宝物和一开始你看到的宝物是同一件东西，中途没有被人动手脚！"

"好吧，这是怎样的规范呢？"

"方程同解原理。随着学习的深入，我们会慢慢加深对这个问题的认识。"

"不管怎么说，一个刚开始很复杂的方程，就这么经过一步一步的操作，最后得到方程的解，已经很神奇啦！"

"是的！解方程的过程，其实就是对消掉等式两边相同的东西，并把方程还原到最简形式（例如 $x=12$）的过程，难怪花拉子米同学在写《代数学》这本书时，'代数'这个词，取的就是阿拉伯文中'还原'和'对消'的意思。"

"什么花生米？还有这名字？"

"他可是通晓数学、天文学、历史学和地理学的'大牛'哦！我们一起在心里膜拜一下！"

2.3 四组钢架

"过河咯,过河咯!这么宽的河咋过得去呢?"刚吃完晚饭,成潇又在家里嚷嚷了起来。

"像哈利·波特那样骑扫帚飞过去嘛!还指望别人背你吗?个子都那么高了!"

"你的'钢架'何在?我想爬上去!"

"哦,你是这个意思啊!它们一直都在,而且是飞架南北,大堑变通途!"

"忽悠吧,找一些七年级最好用的,让我试试!"

"你别说,这段时间我还真找到了七年级最常用的四组框架!"

"太好了,快说说!"

"它们分别是,倍比配套、工程问题、经济利润和行程问题!"

"一个一个地说,我去搬小板凳……"

"最近学习热情空前高涨啊!孺子可教!不过,请允许我卖个关子,把行程问题留到最后说,先和你一起把前三个框架搭起来,再沿着框架穿好绳子,用方程方法来解题,让你也鸟枪换炮,感受一下机械化作战的气势!"

"好嘞,第一个,倍比配套,开始吧!"

"听题!甲队人数是乙队人数的 2 倍,从甲队调 12 人到乙队后,甲队剩下来的人数是原乙队人数的一半还多 15 人。求甲、乙两队原有各多少人?"

"这应该设甲队还是乙队为 x 呢?"成潇挠了挠头。

"大道至简,'1'字优先!"

"'1'字是什么情况?"

"你怎么'忘本'啦!分数问题中,单位'1'是根本;分数问题之外,'一份量'是根本!"

"你这不是才教我的嘛?明白了,应该设原来的乙队人数是 x 人!"

"接下来,框架思维的第一步,是要先把已知条件结构化!我们画个表格,用 x 把其他三个量也表达出来。"

	甲队	乙队
原来	$2x$	x
后来	$2x-12$	$x+12$

我们就用题目中告诉我们的'甲队剩下来的人数是原乙队人数的一半还多15'来做'绳子',这是这一类题目的常见做法!

$$2x - 12 = \frac{x}{2} + 15$$

解得,$x=18$,原来乙队18人,甲队36人,代回题目中去检验一下,符合题意!收工!"

"挺麻利的样子啊!我还有其他方法!"

"说来听听!"

"我也是设原来乙队为x人,甲队是$2x$人,乙队后来也是$x+12$人,但后来甲队人数,我就用题目给的条件不行吗?是原来乙队人数的一半还多15人!看,我画的表格!"

	甲队	乙队
原来	$2x$	x
后来	$\frac{x}{2}+15$	$x+12$

"用什么来建立方程呢?"

"啊……条件好像都用完了……啊哈!我找到了一个隐藏的条件!原来乙队的人数就是现在甲队人数减去15人再乘以2!方程应该是下面的式子。"

$$x = \left(\frac{x}{2} + 15 - 15\right) \times 2$$

"那你解一下这个方程吧!"老爸悠闲地双手抱头靠在了椅背上,脸上似乎露出一丝不易察觉的微笑。

"呀!怎么是$x=x$!"

"哈哈,又掉坑里啦!其实我们所谓的解题,就是通过前面所说的三种关系式——各种已被前人定义或总结的数量关系式、生活中不证自明的常识、每道题目中特殊的数量关系,来找到已知和未知之间的直接联系。因为有三种关系,所以有时会看起来比较乱,你要么直接下手,好似跳到河里,摸着石头就过去了;要么就优雅一些,仿似一个'局外人',搭个框架,穿根绳子,勾住目标后再往回拉,虽然过程复杂点,但好处也是不言而喻的,需要注意的是,你在搭建框架时,一定不能依据同一个关系,建立两个框架。你看,刚才你所谓的'隐藏的条件',其实和题目中给的条件——'甲队剩下来的人数是原乙队人数的一半还多15'是同一个!"

"原来如此啊,这真是个坑!"

"对!我们虽然可以开动脑筋,从一道题目中挖掘出不少或明或暗的数量关系,但它们都有一个特点——只能用一次!你用它来表示其他数量了,就不能用它来列方程;用它来列方程了,就不能再用它来表示其他数量。"

"明白了。那用哪些来表示其他数量,哪些来列方程,有没有什么规律呢?"

"规律谈不上,但我可以给你一些建议。通常来说,我们习惯用一般关系,也就是前两种关系——学过的数量关系式和生活中的常识来表示其他数量,再用特殊关系——往往是题目中给出的比较复杂的等量关系来建立方程。因为,这样的方程,写出来都会比较匀称。"

"刚才我的方程有点难看,左边就一个 x,右边却有一大堆!"

"不不不,其实它还是可以抢救一下的!"

"怎么抢救?"

"还有一个题目给的关系你没用上啊!"

"什么关系?……哦,看出来了!甲队后来的人数比原来的人数少12人!也就是

$$\frac{x}{2} + 15 = 2x - 12$$

也能解出来 x 等于18!"

"我的朋友,我还是建议你先用前两种的一般关系来表示其他数量,好比先对付小怪,再用题目给出的特殊关系来打大怪!"

"你再出一道,我来小试牛刀!"

"又到了'请开始你的表演'时间了!请听题:学校春游,如果每辆汽车坐45人,则有28人没有上车;如果每辆汽车坐50人,则空出一辆汽车,并且有一辆车还可以坐12人。问共有多少学生、多少汽车?"

"假设有 x 辆汽车,学生嘛,$(45x + 28)$ 人,就用'如果每辆坐50人,则空出一辆汽车,并且有一辆车还可以坐12人'来建立方程啦!

$$50 \times (x-1) - 12 = 45x + 28$$

x 解出来居然还是 18！学生就是 838 人！"

"上手挺快啊！"

"那当然……不过,我还是有一个小小的担忧,不知道当讲不当讲……"

"小心忧郁症啊！说出来听听嘛！"

"万一题目中没有已知条件怎么办？"

"什么？！没有已知条件？不可能吧,举个例子。"

"我就举个简单的吧！一件商品涨价 25% 后,调回原价需要降价百分之多少？"

"这有条件啊！"

"都没告诉我们具体多少钱,怎么算有条件呢？"

"你糊涂啦！我们说过,条件分为'量'和'率',当整个题目的条件和问题部分都没有带单位的具体数字——也就是没有'量'时,可以假设一个'量'的,它的大小不影响最后的结果！当没有'量'时,说明题目要我们求的就是相对的关系,假设一个'量',只是起到简化问题的作用,并不会影响相对的关系。想想看我们前面'隔河取宝'的例子,就好比绳子的两端都没有拴东西,但这丝毫不影响搭框架、穿绳子、拉绳子！那些数量关系都是早已存在的！"

"老爸,我还有一个发现:这方程两边其实就是把一个量用两种方式来表达啊！你看,这个方程两边就都是学生总人数！"

"我昨天闲来无事,统计了一下 2018 年世界杯各支参赛球队的进球总数和失球总数,你猜怎么着,我发现了一个惊天秘密:各队的进球数之和居然等于各队的失球数之和！"

"多新鲜啊！一个队进球了,肯定有一个队失球啊！我也是服了你了,还美其名曰'惊天秘密'！"

成潇说完这话,看到老爸一直不怀好意地傻笑,琢磨了半天,终于明白了:"你这个老爸坏得很！你是不是在暗示我,这方程两边肯定是同一个量的不同表达方式？"

"是啊,方程就是天平,两边不是同一个重量的不同表达,天平怎么会平衡呢？难道 180 克和 180 克会有不同？"

"哈哈哈……"

2.4 比拼功力

"原来小天狼星是这样的角色啊!"

午后的书房,传来成潇一声感叹。老爸循声而至。

"怎么了?"

"原来他并不是坏人,哈利·波特之前误解他了!"成潇从《哈利·波特》这本书中把头抬了起来。

"相逢一笑泯恩仇,接下来就该做点什么了!"老爸来了精神,"话说哈利·波特和小天狼星合修魔法路,如果哈利·波特单独修 16 天干完,小天狼星单干需要 24 天,现在两人合作干了 4 天,哈利·波特有急事返回霍格沃茨魔法学校,留下小天狼星一个人干。请问:他还需要几天才能完成?"

"老爸,你这题目插入的也太生硬了吧?都是会魔法的人,干活哪有这么累?"

"赶快来解题啦!来吧!"

"好吧好吧,如火的热情难以拒绝啊!先算出两人合作四天一共完成了多少工作量:$\left(\dfrac{1}{16}+\dfrac{1}{24}\right)\times 4=\dfrac{5}{12}$,然后再看看还剩下多少工作量:$1-\dfrac{5}{12}=$

$\frac{7}{12}$,全部扔给小天狼星啦！他需要：$\frac{7}{12} \div \frac{1}{24} = 14$(天)，对不对？"

"小小一个变招：假设现在不知道哈利·波特是第几天走的，也不知道他走了几天，后来有没有回来，反正最后小天狼星前后用了12天才完成全部工程，请问哈利·波特中途缺席了几天？"

"不愧是骑扫帚的，这哈利·波特真是天马行空啊，说来就来，说走就走……可把我坑了，这咋算啊？"

"好像难住你了哦……你刚才的方法不错啊，在哈利·波特离开的时候，把工作量分成两段，这题能不能照葫芦画瓢呢？"

"你给我一个葫芦照着画啊？都不知道哈利·波特啥时候走的，啥时候又回来了，怎么算呢？"

"看过妈妈切洋葱吗？"

"当然看过，但这个和这道题有啥关系？"

"你看，第一题告诉了我们时间，因此，我们就在时间上分段，就好比是在洋葱上竖着切一刀，把工作总量一分为二，而第二题呢，没有足够的时间条件，我们就顺势横着切咯！按照不同的人来分段，把工作总量分开！有思路了没？"

"我想我是明白了，先算出小天狼星一个人总共完成多少工作量：$\frac{1}{24} \times 12 = \frac{1}{2}$，那么留给哈利·波特完成的工作量就是：$1 - \frac{1}{2} = \frac{1}{2}$，这需要哈利·波特工作的天数是：$\frac{1}{2} \div \frac{1}{16} = 8$(天)，我们就知道哈利·波特休息了：$12 - 8 = 4$(天)！"

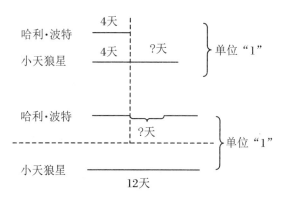

"真是'欲把工程比切葱,横切竖切总相宜'啊!"

"老爸,你又诗兴大发了,可惜是歪诗啊!"

"这不是诗,是数学解题咏叹调啊!"

"这么庸俗的一首诗也被你美化成这样!"

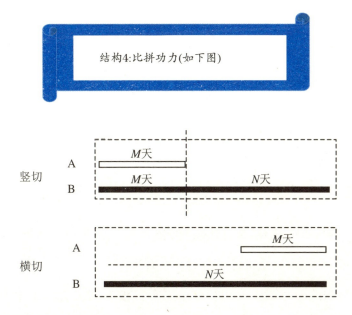

结构4:比拼功力(如下图)

"我们把结构整理出来,你就不觉得俗啦! 而且,结构整理出来了,使用代数方法,也就是列方程来解就很容易啦!"

"我来试试,上面的第二题,如果设哈利·波特休息的天数是 x 天,那么工作的天数就是 $(12-x)$ 天……"

"利用第几种关系式来建立方程呢?"

"用生活常识就可以啦! 哈利·波特完成的工作量比例+小天狼星完成的工作量比例=1,把未知数放进去就是

$$\frac{1}{16} \times (12 - x) + \frac{1}{24} \times 12 = 1$$

很容易解出来 $x=4$ 了!"

"别高兴的太早,我们还是要在不同的背后找到相同,才能真正做到举一反三。你看,这两种方法都需要拆分单位'1',也就是工作总量,并且都是在条件相对充足的分段里先算出这部分工作量,但如果遇到每一段条件都不充足时又该怎么办?"

"那还能做出来吗?"

"我们来试试吧!假设这道题没有告诉我们两个人各自的工作效率,只告诉我们他俩联手修路6天可以完工,现在小天狼星先修了7天,然后哈利·波特又修了4天,共完成这项工程的$\frac{13}{15}$。请问,如果把剩下的工程依旧交给小天狼星来单独修,那么还需要几天才能完成?"

两人工效之和:$\frac{1}{6}$

哈利·波特 4天 ⎱ $\frac{13}{15}$
小天狼星　7天 ⎰

"我说的吧,横切竖切都不行了,看你还有啥办法!"

"你真是看热闹不嫌事大啊,一起想……"

"用方程可以吗?"经过老爸对方程的一番"吹捧",成潇越来越觉得方程厉害了。

"一样的!还是会有'条件不足'的感觉哦!因为两个人的工作效率都不知道。哎,你有没有觉得这个'$\frac{1}{6}$'不太有用?"

"就是没用,不是不太好用!整个工程都没有两人合作的情况,给个工效之和有啥用处!"

"我们能不能转化一下?"

"怎么转化呢?"

"我们可否让哈利·波特提前4天工作,也就是和小天狼星合作4天。"

"这不行吧!时间就……哎,你别说,把'$\frac{1}{6}$'这个条件用上了,这4天完成了全部工作的$\frac{2}{3}$!那小天狼星最开始单干的3天,完成的工作量就是$\frac{13}{15} - \frac{2}{3} = \frac{1}{5}$,那么他的工作效率为$\frac{1}{5} \div (7-4) = \frac{1}{15}$,完成最后剩余的$\frac{2}{15}$的工作量只需要2天!厉害了我的爸,你怎么想到的呢?"

"古文说,'凡战者,以正合,以奇胜',我们做题时又何尝不是如此呢?我头脑中首先还是想着要分段,不论按时间分,还是按不同的人来分,总之要分。随着'战事'的推进,我发现了一个由已知条件'两人工作效率之和为$\frac{1}{6}$'提供的线索:能否把前面$\frac{13}{15}$的工作量利用这个条件再分段?是不是就可以求出某个人的工作效率呢?"

"你很走运,老爸,是可以求出小天狼星的工效,接下来,哈利·波特的工效其实也就算出来了。"

"不能完全说是幸运吧,因为我走的大方向是正确的,在行进的过程中,才能被一些'幸运'砸中哦!"

"看来方程也不是万能的!"

"没有什么工具是万能的,数学工具和框架思维、数学思想需要结合在一起使用,才能威力大增!这道题我们就用了'转化'的思想,把哈利后干的活在时间上挪到了前面,注意,对已完成的工作量是没有影响的!"

"这一转化就满盘皆活啦!"成潇情不自禁地赞叹道。

"难得你这么夸奖我,我就免费送你一道'大菜'吧!听题:哈利·波特、伏地魔、小天狼星三人合作建设魔法学院,需要挖两个大土堆,A 堆和 B 堆的土方数之比为 4∶5,哈利·波特、伏地魔和小天狼星单独挖 A 堆,分别需要 20 小时、24 小时和 30 小时,现在工程总指挥罗琳安排哈利·波特挖 A 堆,伏地魔和小天狼星挖 B 堆,工作至中途,小天狼星跑去帮哈利·波特挖 A 堆,最后两方刚好同时完成。请问小天狼星帮哈利·波特挖了几个小时?"

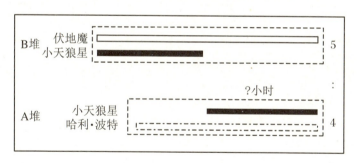

"怎么这么乱啊!罗琳是谁?哦哦哦,J.K.罗琳,《哈利·波特》的作者,她这入戏也太深了吧,直接指挥三人干活啦!小天狼星这算是弃暗投明?哈利·波特是'得道多助',伏地魔是'失道寡助'喽?这情节……"

"我问你,用什么方法?"老爸不给成潇继续胡思乱想下去了。

"横着切,不行,竖着……也不行!一个时间的条件都没有,这咋算啊!"

"这就需要先使用数学思想啦!我知道,你最棘手的一定是小天狼星在里面跑来跑去,对不?既然如此,我们就把他包进来,把两堆土看作一个整体!为了计算方便,我们用份数来描述工作量,B 堆看作 150 份,A 堆就是

120份了,刚好5∶4!"

"为啥不是50份和40份呢!"

"我们找的是20、24和30的最小公倍数,这样的话,每人每小时的工作量就都是整数份啦!"

	哈利·波特	伏地魔	小天狼星
工作效率	120÷20=6(份)	120÷24=5(份)	120÷30=4(份)

"我知道了,你下一步就要算工作时间了,(150+120)÷(6+5+4)=18(小时)!"

"是的,题目中告诉我们最后是同时收工的,所以他们仨每人都工作了18个小时!"

"后面就好办啦,可以横切啦!先算A堆哈利·波特完成了多少份,接下来,就能算出小天狼星完成的工作量及时间啦!"

	哈利·波特	伏地魔	小天狼星
工作效率	6(份/小时)	5(份/小时)	4(份/小时)
A堆(120份)	① 18×6=108(份)		②(120−108)÷4=3(小时)
B堆(150份)			

"需不需要用B堆再验证一下?"

"你这个小同学还蛮细心的啊!"成潇模仿着老师的口气,"B堆先算出可怜的伏地魔的工作量,就可以算出小天狼星刚开始在 B 堆干活的时间是 15 小时,加上 A 堆的 3 小时,刚好 18 小时,搞定!"

	哈利·波特	伏地魔	小天狼星
工作效率	6(份/小时)	5(份/小时)	4(份/小时)
A 堆(120 份)	① 18×6=108(份)		②(120−108)÷4=3(小时)
B 堆(150 份)		① 18×5=90(份)	②(150−90)÷4=15(小时)

"有什么体会?"

"兄弟同心,其利断金!这仨兄弟给力!"

"不共戴天,岂曰兄弟!总结数学解题规律啦!"

"横切竖切不可靠,数学思想是根本!"

"偏颇!偏颇!横切竖切是解题的方法或者说是技巧,但这题从整体思想入手,再看到每堆土的局部,才是关键!我发现了一个数学解题的'压强原理',越是适用范围广的方法,往往越显得不那么咄咄逼人;越是适用范围窄的方法,却往往越能够直指要害!"

"哈哈,好比打仗啊,空军取得优势,但解决问题还需要陆军……不和你说了,我要去看新买的《兵器知识》喽!"

2.5 盈利之要

"楼下又卖鞋子啦!"成潇看到楼下那家曾被老爸戳穿打折把戏的店铺又开张了。

"还有没有王法了,奸商再出江湖?!"老爸从椅子上跳了起来。

"稍安毋躁,老爸,我看错了,卖的不是鞋子,鞋店老板估计破产了,现在是一家超市!"

"哦,这还差不多!"老爸这才坐了下来。

晚饭后,父子两人走出家门,在小区里散步,突然看到超市门前十个醒目的大字:我们赚多少,由您说了算!

"老爸你看!他们真是有良心啊,比原来那家鞋店靠谱多了!"

"哦?我们去看看。"

在超市通道的入口,看到这样一封道歉信:

各位街坊邻居,我们错了。

今年春节前,我店销售的儿童秋千深得大家的喜爱,很快销售一空。我们立即安排补货,因为厂家缺货,我们只能从另外一家工厂采购,采购价格比原来低了20元,但是我们的儿童玩具柜组没有更改价格标签,售价也没有相应降低。春节后,我们终于从原厂家进到了货,使用后一对比,我们发现,还是原来的秋千更美观,更耐用。

为了表达我们的歉意,我们决定自我处罚。

自即日起,凡购买了次品秋千的客户,可以从以下两种赔偿方案中任选一个:

方案一:加购正品秋千时,我们将两种秋千的利润率全部定为10%(市场上儿童秋千的利润率一般为20%);

方案二:次品秋千我们自愿亏损50%,为了抵补我们的巨大损失,我们恳请您允许我们在正品秋千上赚60%。我们合计的利润率低于前一种方案。

再次诚恳表达我们的歉意!

星星超市

2020年4月2日

"次品亏50%,正品赚60%,合计赚10%,确实比方案一划得来,我都想买来玩玩了!"

"真的吗?这一类问题都有着确定的结构关系哦!你看:

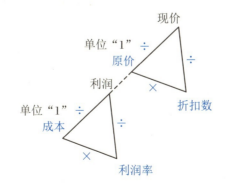

在这个打折和盈亏结合的结构里,不论是按照'先进货再销售'的时间顺序,还是根据单位'1'和部分量的关系,'成本'都是源头,往往可以设它为未知数,在这道题目中,我们把正品秋千的成本设为 x 元,次品秋千的成本……"

"$(x-20)$元!"

"正确!我们从成本出发,继续沿着左下角的三角形做逆时针运动,就看到了'利润率',方案一中,正品秋千的利润率是 10%,好,接着走,利润是多少呢?"

"刚才走过来时,这条边上写的是乘号,那就是 $10\%x$ 啦!"成潇看得很清楚。

"对!如果是次品秋千,利润就应该是 $10\%(x-20)$ 了,合计的利润是 $20\%x-2$。而在方案二的情况下,正品利润是 $60\%x$,次品的'利润'是 $-50\%(x-20)$,合起来,利润是 $10\%x+10$……"

"这家超市在说谎!第二种方案合计的利润率比第一种方案要高!"

"嘿嘿,现在还不能判断 $20\%x-2$ 和 $10\%x+10$ 谁大谁小,下结论还为时过早!什么情况下我们应该接受方案二?"

"当 $10\%x+10$ 小于 $20\%x-2$ 的时候!我来解一下,x 大于 120,也就是说,进价高于 120 元的时候,我们应该选择方案二!"

"嘘,小声点,那边有个阿姨好像买过秋千,你去问问她!"

"好嘞……"一会,成潇就回来了,"这也是一家奸商!她买过正品秋千,只卖 118 元!也就是说,x 一定是小于 120 元的!"

"如果这不是无心之错,这封道歉信可真的是不诚恳啊!"

"我要告诉大家!"

"没用的,这家店的老板一定学过心理学,人们总是会选择方案二!"

"未必!"

"想想,你刚才可是不假思索就选了方案二啊!理由是……"

成潇只能把自己的话重复了一遍:"次品亏 50%,正品赚 60%,合计赚 10%,确实比方案一划得来……"

"是啊!老板一方面把账算清楚了,所谓'买的没有卖的精'啊,另一方面,他懂得心理学里的'晕轮效应'和'锚定效应'。当人们读了道歉信中措辞'恳切'的前半部分之后,受'晕轮效应'的支配,理所当然地就会以为方案一和二都是有利于自己的,看了方案一之后,又被狡猾的老板'锚定'了,认为两种秋千各有10%的利润率是合理的。接下来,你看到方案二中,一个亏50%,一个赚60%,就欣然接受了,以为老板一共只赚了10%,对自己来说,肯定应该选方案二……"

"可恶的死奸商!"成潇义愤填膺了。

"从另一个角度,也可以说我们有太多认知上的盲点,很容易被别人或被自己欺骗……"

"自己骗自己?搞笑吧,老爸?"

"还记得那个球和球棒的价格问题吗?那就是被'自己'骗了啊!我们学习数学框架和结构,就是要增强自己思维的'免疫力',首先不让自己被'自己'骗,接下来,不被别人骗就不难了。"

"老爸,我们继续说这道题吧!我还想用两个未知数来解这道题!"

"Just do it!(试一试!)"

"设正品秋千的成本是 x 元,次品是 y 元,可以列出这个方程组:

$$\begin{cases} x - 20 = y \\ 10\%x + 10\%y = 60\%x - 50\%y \end{cases}$$

解出的 x 和 y,就是方案一和方案二同样划算时,对应的正品和次品价格,我怎么感觉更容易啦!"

"凡事有一利必有一弊,列出方程组的过程简单了,但解方程的过程复杂了哦！这就好比'隔河取宝'这个例子,现在我们沿着架设好的钢架,放了两根绳子过河,在宝物的两头各系一根,看似更结实稳妥了,但在抽回绳子——解方程的过程中,绳子可能会互相缠绕,也就是说,增大了解方程的难度哦！"

"只是多了一根绳子？钢架还是一个？"

"是的,只是多了一个字母,解题的框架或结构不会增多,也不会变复杂。"

"好吧,像我这样追求速度的快枪手,还是尽量用一个未知数吧！对了,你这个结构还没有说完呢,从成本到利润率再到利润,只是一个三角形,那边还有一个呢！"

"哦,对！好,我们一起跨过去！这根虚线,其实表示的是售价,包括原来的售价(简称'原价')和现在的售价(简称'现价'),与成本和利润的关系。"

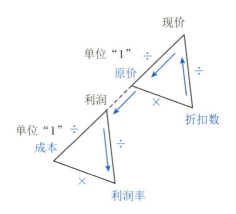

"售价等于成本加利润啊！"

"没错,两种售价分别简写为原价和现价之后,有的人就会比较晕了！"

"它们两个都是把成本和利润相加后,得到的价格,只不过,原价是成本加上原来的利润,现价则是成本加上现在的利润,在打折的情况下,现价比原价低,现在的利润自然也比原来的利润少咯！"看来这部分成潇学的不赖。

"总结的像那么回事啊！不过,我们还需要用'运动'的眼光来看它,你看,彩色的箭头就表示出你刚才所描述的,打折对利润和利润率的影响！"

"我想考你一道题。"成潇反戈一击了。

"都能自己出题啦,可以呀你！说说看……"

"星星超市将某种玩具每套按进价的 2 倍进行销售,恰逢春节来临,为了促销,他们将售价提高了 20 元再标价,打出了'六折优惠大酬宾'的牌子,结果每套玩具的利润是进价的 $\frac{4}{5}$,请回答,老板到底给没给顾客优惠? 开始你的表演,说出你的理由。"

"开始你的表演? 这也是题目里的啊!"

"必须是! 请关注题目本身。"成潇模仿着老爸的口气。

"这题还是应该设成本为 x 元,开始搭架子穿绳子咯!"

"什么架子? 什么绳子?"

"傻了吧你! 这不是给出现成的架子了吗? 绳子也设好了啊!"

"继续你的表演!"

"我会慢点穿的,怕你看不清! 成本为 x,利润率等于 100%,所以利润就是 x,加上 20 元后,原价为 $2x+20$,再打六折,现价就是 $(2x+20)\times 60\%$,现价对应着现在的利润 $\frac{4}{5}x$,成本不变仍为 x,架子搭建完毕:

$$(2x+20)\times 60\% - \frac{4}{5}x = x$$

开始拉回绳子咯,宝物过河咯! 解得 $x=20$!"

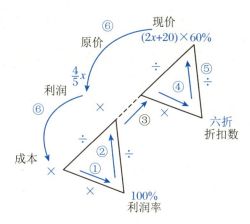

"呀! 我没注意老板还是很黑啊! 20 元成本的玩具,卖 40 元还嫌不够,再加 20 元出售,假模假样地打个六折,还是 36 元的天价! 利润率 80%,抢钱啊!"

"请关注题目本身! 该我提醒你了! 题目问的可是老板到底给没给顾客优惠,是给了的,36 元比 40 元便宜啊!"

"还敢卖 40 元？100%的利润率?!"

"可不是嘛！本来题目就是说'每套按进价的 2 倍进行销售'啊！这就是 100%的利润率啊！周瑜打黄盖！"

"周瑜打谁活该？"

"打你活该！没读过《三国演义》？真没文化……周瑜打黄盖,一个愿打一个愿挨,有人愿意买啊！"

"那也是奸商！"

"言归正传。现在你对方程解题是不是更有感觉了？"

"嗯,这搭架子的感觉有了！"

"岂止是搭架子哦！这 x 是要求解的数量,好比宝物,绳子一头系着它,从架子里面穿行而过,它慢慢变的复杂,这种变化反映了框架中含有的数量关系,当等式完全呈现在我们面前的时候,就是穿绳子结束、方程 OK 的时候。接下来怎么办？"

"这还用说！拉回绳子,解出 x 呀！搞定收工！"

"非也非也,还需要检验啊,拉回绳子的时候,是有可能损坏宝物的,即使没有损坏宝物,也可能穿绳子的过程有问题,这都需要细致检查一下。最后,别忘了作答！"

"嘿嘿,老爸,你这做活的手艺挺……哎！那个人这么面熟！我想起来了,不就是以前那家鞋店的老板吗?!"

"原来这家超市也是他开的,肯定是鞋店倒闭了,变个法儿继续坑人啊！走,儿子,举报他去！"

2.6 黄金三角

"老爸,你别说,这穿绳子的游戏还是挺好玩的!"

"关键还是有这些跨越河两岸的框架结构啊,没有它们,绳子就没有了依靠,凌乱在风中了!"

"那你不如给总结一下吧,这些框架结构都有哪些?"

"为了便于区分,我们将这些关系中大的称为'框架',小的叫作'结构'。你看,其实我们一直在总结这些结构,对吧?不过,你今天既然问到了,我就把结构中已被前人发现的数量关系式,给全面总结一下,好不好?"

"必须好啊!"成潇来了兴致。

"首先,我们要看到,在小学到初中的衔接阶段,我们并没有提出新的数量关系,基本上都还停留在小学'知二求一'的范围内,所以,用三角形来表示它们的关系是最好不过的了!"

"都是小学知识啊……"成潇兴致似乎降低了不少。

"这些虽然是最基本的结构,但它们就好比是数学世界里的原子,无孔不入,无处不在,很多时候,再复杂的问题都是由它们组合拼接而成的!更何况,它们之间的关系并非总是简单的加加减减、乘乘除除,还是有不少变化的。"

"那说来听听,看看都有哪些!"

"好!"老爸开讲了,"它们大致可分为两大类:基础关系和拓展关系,基础关系里面,我们按照'先加减后乘除'的次序来归纳。小学数学,在五年级之前,我们基本都是用'加减'的眼光来看待数学问题,但到了五六年级,就需要转换为'乘除'的视角。"

"我不同意!我们二年级就学乘法了!"

"我指的可是看待问题的思维方式哦,是一种习惯,可不是轻易会被改变的!你看,在四年级,我们更多是把8看成4个2相加,直到五年级学习了分解质因数,才慢慢开始把它看作3个2相乘!"

"也许是吧,和今天要讲的内容有关系吗?"

"关系可大了!我们的基础结构就应该从'和差结构'入手!一共有四

组,分别是下图所示。"

①号位	和	被减数	溶液质量	售价
②号位	加数	减数	溶质质量	成本
③号位	加数	差	溶剂质量	利润

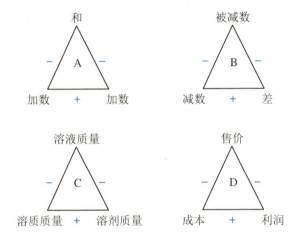

"怎么还有①号位、②号位?打排球么?"

"哈哈,你懂的,以后我一说'①号位',你就知道是山顶;一喊'②号位',你就知道是左侧山脚啦!"

"'③号位'就是右侧山脚!"

"是的!平时需要三个公式才能表达的数量关系,现在用一个三角形就搞定了。关键是,现在我们终于可以用全部的大脑来思考数学问题啦!"

"我们以前是捂住半个脑子在思考吗?晕!"

"大脑是有分工的哦!左半脑主要负责逻辑理解、记忆、判断、排列、分类,而右半脑主要负责空间形象记忆、直觉、情感……以前我们做数学题用左半脑多,现在有了图形,就可以同时开启右半脑了,双管齐下,不亦快活乎?"

"有点意思!继续说乘除关系的吧!"

"这个就比较多了,一共有 14 个!"

结构7:乘除结构(见下图)

①号位	积	被除数	总数	总价	路程	工作总量	部分量	一年的利息
②号位	因数	除数	每份数	单价	速度	工作效率	单位"1"	本金
③号位	因数	商	份数	数量	时间	工作时间	对应的分率	年利率

"下面是有关'数与代数'的 8 个和'空间与图形'的 6 个。"

①号位	长方形的面积	平行四边形的面积	圆的周长	圆的面积	圆柱的侧面积	圆柱体积
②号位	长	底	直径	半径^2	底面周长	底面积
③号位	宽	高	圆周率	圆周率	高	高

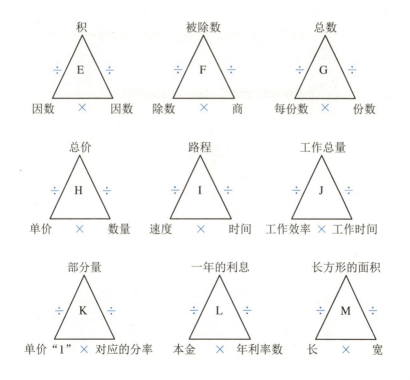

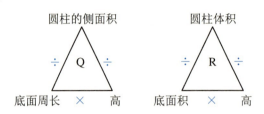

"老爸,我发现,其实'②号位'和'③号位'总是可以对调的,它们总是两个加数或因数,是满足交换律的!"

"眼睛挺尖啊,这都被你看出来了!可是,下面我们就要进入扩展关系了,它们之间可就不能对调啦!上菜!"

> 结构8:相遇结构(见下图)

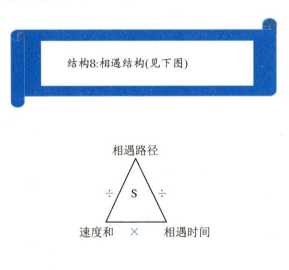

> 结构9:追及结构(见下图)

┌─────────────────────────────────┐
│ 结构10:浓度结构(见下图)   │
└─────────────────────────────────┘

┌─────────────────────────────────┐
│ 结构11:利率结构(见下图)   │
└─────────────────────────────────┘

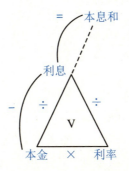

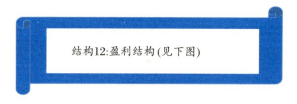

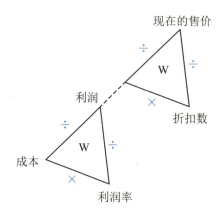

"这个我很熟悉了,你昨天才说过的!"

"是的,所以这个就不算是一个新的结构啦!"

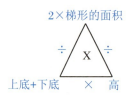

"这两个三角形为何只算作一个结构?"

"还记得三角形和梯形面积公式的推导过程吗?"

"都是想象一个和它们一模一样的图形,拼成一个平行四边形。"

"对啦,其实这是数学中很高明的'构造法',有点像武打小说中的借力打力,一个看似比较难的问题,通过我们的大脑来做个思维实验,就很快化难为易了!"

"我承认,这不太容易想到!"

"其实都是可以通过有效的练习来获得这种技能的!"

"这最后一个是什么?"

"圆锥体积结构。"

"怎么从'2'就突然变成'3'了?"

"并不难理解!前面是平面图形的面积,这里是立体图形的体积,平面的世界是二维的世界,这立体的……"

"是三维的世界,所以是'3'!"

"哈哈,你都可以抢答啦!"

"很巧哦,你给这些结构都写上了对应的字母,刚好是 26 个!"

"26 个英文字母是英语学习的基础,这 26 个三角形对应的结构,可就是数学学习的基础啦,所以我们称之为'黄金三角'!"

"有点意思,尽管不是真正的金子!"

"让你收获学好数学的信心,这比黄金可要贵重多咯!有点意思?更有意思的还在后面!很多看似复杂的关系,结合这些三角形来理解,就会显得简洁明了。你看,我们拿小学阶段最后一个难点——正反比例举个例子。"

"嗯,一会变一会不变,一会正着变,一会反着变,头晕!"

"用黄金三角就很好理解咯!首先,你还是要抓住核心——'在变化中找到不变',看看哪个是不变量。"

"假如路程不变呢?"

"那就简单了,往对面这条边看,是什么运算符?"

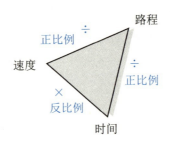

"乘号。"

"你可以直接按照课本上的判断方法,乘积不变,就是反比例;也可以这样想,看到的是乘号,说明自己是乘积,运用我们学过的'积不变'规律,可以想到,速度扩大多少倍,时间就会缩小多少倍,这不正是反比例的特点吗?"

"刚好是一个反比例,再配上两个正比例!"

"是的,根本原因是因为在每一个乘法的背后,都隐藏着两个除法!"

"还有一种用字母表示的数量关系,判断是否构成正、反比例,我特别容易错。"

"例如:$5:x=6$ 这样的吗?"

"对!"

"你就把它们往这样的'乘除结构'三角形里面去放,能放进去,就构成比例关系;放不进去,就不构成比例关系!"

"我试试,5 放①号位,x 放②号位,6 放③号位……构成比例关系!"

"再看看是什么比例嘛!"

"x 的对面是除法……正比例!"

"完全正确!正如我们刚才所说,五年级之后的数学需要用'乘除'视角来看问题,有了这个'乘除结构',我们可以调用全脑,更轻松地理解因数/倍数、质数/合数等问题,至于一些复杂的行程问题,例如变速行程问题,很多学生都畏之如虎,结合这个框架下的正反比例,其实就容易啦!"

"嘚瑟,不能算作你的本事啦!是因为三角形本身就有一种神秘的力量!"

"是的,要不然金字塔怎么会是三角形的呢?"

"哈哈,那可不是三角形,是四棱锥,我的朋友!"

"……"

第3章 几　　何

数缺形时少直观，形缺数时难入微。

——华罗庚

你知道吗？初中数学中的一个重要解题思想是"数形结合"，而框架思维恰恰就是以图或表的形式，把题目中平铺直叙的"数"之关系，转换为高低错落、灵动连接的"形"，让我们得以同时启动大脑的两个半球，高效思考问题。

在这一章里，你既会看到用"以形想数"的方法，怎样让我们用纯粹画图的方法，解决行程问题，也会看到"以数推形"的实例，帮你精准解决有关面积和体积的极值问题，这可都是原先不折不扣的"难题"哦！

3.1 运动视角

"老爸,考你一道题,敢不敢接招?"晚饭后,成潇拦住了老爸。

"放马过来!"

"小明过生日的那天晚上,点了 12 根蜡烛,但只吹了 3 根,请问第二天早上还剩几根?"

"12 根!"老爸不假思索地脱口而出。

"哐当,掉坑里啦!"成潇非常得意,"是第二天早上啦!"

"啊,过了一夜啊,那没吹掉的全部烧完了,只有 3 根了!"老爸才发现自己中了成潇的埋伏,还有点愤愤不平,"他为啥只吹了 3 根呢?明明 12 岁了嘛!"

"题目中有说他 12 岁吗?他为啥不能是 3 岁呢?卖蛋糕的送了他 12 根,他全插上了,但只吹了 3 根,完全合理哟!"成潇终于坑了老爸一次,非常开心,可以名正言顺地批评老爸一次了,"你审题不认真!"

"哈哈,我承认!其实我们每个人在做题的时候,都会把眼前的这道题和此前遇到的相似题目进行类比,在对已知条件和未知问题的比较中寻找解题的办法。"

"第一次听到有人把审题不认真解释得这么冠冕堂皇!"

"冤枉啊!其实我并不欣赏这种方法,框架思维的思考方法,本质上还是从一些最基本的常识出发的演绎思考方法,比如说吧,我们一直强调'变与不变',既要在变化的背后找到不变,也需要用运动的视角去观察貌似不变的问题哦!"

"举个例子啊!"

"三个点之间有多少条线段?"

"三条!"成潇脱口而出,可能是觉得太简单,忍不住又补了一句:"三角形不就是由这样的三条线段组成的嘛!"

"此处的补刀好比猪队友的助攻,弄巧成拙啦!"

"不是三角形还能是什么?"

"这三个点的位置关系,还可能是在同一条直线上哦!"

"额……那也是构成三条线段啊!"

"没错,但如果问题改为'三个点之间有多少条直线'呢?"

"那……就惨了!答案是 1 条或 3 条,但如果没考虑到三点共线的情况,就会答出'3 条'这个不完整的答案了!"

"不完整的答案就是错误答案哦!你看,当我们讲到'三个点'时,你不能用静止的思路去想象它们的位置关系,要让三个点动起来。接下来,我问你,四个点之间有多少条线段?"

"有点复杂,可能是四点共线,也可能是三点共线,也可能都不共线……"

"即使用运动的观点来思考问题,也要按一定的顺序哦!你就在前一题的基础上,想象着再增加一个点 D,会多出几条线段?"

"我看看……不管哪种情况,都是多出三条线段!四个点之间,不管什么位置关系,一共有 $1+2+3=6$(条)线段!"

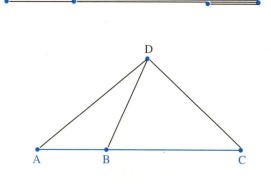

"这就对了！当我们用运动的观点，让这些点一个一个浮现出来的时候，我们就比较容易找到线段数量增加的规律。好，我现在考你一个难的，如果是 n 个点，它们之间有多少条线段？"

"接着一个一个点增加呗，每次增加的线段数量总比点的总数少一个，最后一次增加的就是 $(n-1)$ 个，一共就是 $1+2+3+4+\cdots+(n-1)=\dfrac{n(n-1)}{2}$ 个咯！"

"嗯，那再来一题给你练练手！从一个点出发的三条射线能组成多少个角？"

"我来想想……先画出一条射线，没有角；再来一条，有一个角了；再来一条……"成潇迟疑了，因为纸上出现了几种不同的画法。

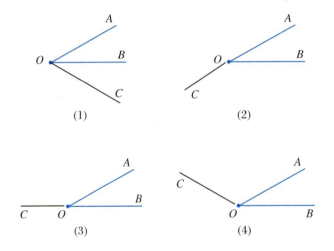

"不错啊！可以看出，第三条射线（c）是按顺时针方向在转动的，非常清晰的运动思路！"

"清晰个啥？！我可以说我脑子里很乱吗？这些图里都各有多少角呢？"

"成潇同学，初中阶段学习几何，任何时候，都要弄清楚概念哦！对于'角'，那些平角和大于 $180°$ 的角我们是不算的！"

"哦！那这四种情况分别有三个、两个、两个、三个角，那答案就应该是'两个或三个'了！"

"嘿嘿，这种方法好用吧！别骄傲，'打老怪'的时间这就到了：三条射线两两相交，可以得到几个交点，几条线段？"

"我想还是应该先从两条射线开始数，一个交点，没有线段……"

"注意,我的朋友,题目中并没有说两条射线共一个顶点哦!"

"呀!我怎么能和你数蜡烛时一样,犯下那么低级的错误呢?"只要有机会,成潇总要想方设法埋汰老爸一下。

"你审题不认真!"老爸'反唇相讥'。

"不和你一般见识!这第三条射线……可以画的位置有点多啊!"

"按照一定的顺序嘛!先向右,再向下……"

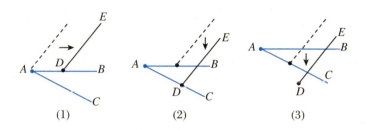

"先看交点吧,第一个情况不对啊,不符合'两两相交'的要求!"

"那就继续移动呗!"

"第二个位置……交点有三个;交点 D 再往下移动……现在还是三个交点……嗨!这还移动个啥啊,三条射线两两相交,最多只可能有三个交点啊!"

"没想到你在像老黄牛一般埋头拉车的时候,居然还能抬头看路啊!"

"这就是传说中的'心有猛虎,细嗅蔷薇'啦!"

"赶快把鼻子再伸长些闻闻,第二问怎么答?"

"等等……三条射线共一个顶点时没有线段,往右移,第二种情况有 3 条线段,第三种情况,因为 D 点伸出来了,在射线 DE 这个方向上就有了 3 条线段,射线 AB 和 AC 上各有 1 条,一共 5 条!"

"还会有更多吗?"

"我想想,刚才动了射线 DE,现在轮到射线 AC 了,它的头也伸出来……有了,这是第四种情况,你看,它上面也有 3 条线段了,此时一共有 7 条线段。好,最后轮到射线 AB 了,它也探个头,完美的第五种情况!又多了 2 条线段,最多一共是 9 条线段啦!这 3 条线段轮番上阵,好不热闹!"

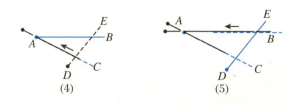

"是的,初中数学的很多题目需要考虑不止一种情况,这也是和小学数学非常不同的一点,老师们经常说要'考虑周全',但如何才能做到周全呢?在运动中分析问题,也就是培养看待问题的动态视角,是主要路径之一。"

"客观地说,这个问题还是有些难度的。"成潇的脸上掠过一丝为难。

"别焦虑哦,我们依旧可以用框架来对付他们!请听题:小明和小刚在仓库旁跑步,小明在仓库左侧1000米处,小刚则在仓库右侧600米处,现在他们两人同时出发跑向仓库,小明速度为每秒2米,小刚则为每秒1米。请问:几秒钟后,小明、小刚以及仓库各自所在的位置,有一点恰好是另外两点所连线段的中点?"

"这……我只能说幸亏仓库不能动,否则这个问题就太难啦!"

"别泄气。首先,咱们要先脑补一下,假设 M 点是线段 AB 的中点,会有怎样的等量关系式?"

"这个问题不难,会有:$AM = BM = \frac{1}{2}AB$,$AB = 2BM = 2AM$。"

"有点名门正派的感觉啊,一下子给出两个关系式,居然都还是对的!"

"别看不起人好不好!这很难吗?我还知道,AM 的值,就是用 M 点在数轴上的坐标减去 A 点在数轴上的坐标!"成潇有些不爽。

"那来点难的!当小明和小刚跑起来后,他们和仓库的位置关系满足题目条件时,有几种可能的情况?"

"仓库在小明和小刚的中间,小明在仓库和小刚的中间,小刚在小明和仓库的中间……一共三种情况!"

"好嘞。我们用代数的思路来解,假设仓库的位置是数轴的原点,小明的位置就是 -1000 米,小刚呢,则为 600 米,设他们两人出发后 t 秒,出现了上述情况的某一种,方程应该分别如何列出?"

"小明往右跑,每秒 2 米,t 秒后的位置我们标记为 P,就是 $(-1000+2t)$ 米,小刚的速度为每秒 1 米,t 秒后的位置标记为 Q,就在 $(600-t)$ 米处!"

"中点公式有四种形式,$m=\dfrac{a+b}{2}$,$a+b=2m$,$a=2m-b$,$b=2m-a$,此处我建议你选用第二种!"

"好啊!那么,第一种情况就有:$(-1000+2t)+(600-t)=2\times 0$,此时解得 t 为 400 秒;第二种情况下,$0+(600-t)=2\times(-1000+2t)$,解得 t 为 520 秒;第三种情况呢,$0+(-1000+2t)=2\times(600-t)$,$t$ 则为 550 秒咯!"

① 当 O 是 PQ 的中点:

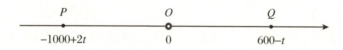

② 当 P 是 OQ 的中点:

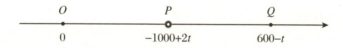

③ 当 Q 是 OP 的中点:

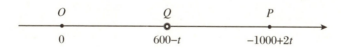

结构15:动态中点问题的三种情况:
1. O 为 PQ 的中点;
2. P 为 OQ 的中点;
3. Q 为 OP 的中点。
【灵活选取中点公式中的一种】

"不错嘛！你居然把动态中点问题的三种情况一网打尽啦！"

"哎,老爸,我发现即使仓库动起来也不太难哎！"

"仓库动起来？地震了吗？"

"你不是喜欢'人狗情未了'吗？我们把仓库变身为一只狗如何？假设它和两人同时起跑,它以每秒 5 米的速度向小刚跑去,三种情况下,分别有这样的关系式:

$$(-1000 + 2t) + (600 - t) = 2 \times 5t$$

$$5t + (600 - t) = 2 \times (-1000 + 2t)$$

$$5t + (-1000 + 2t) = 2 \times (600 - t)$$

哎,不对啊！只有第三个方程可以解出来,前两个都解不出来！"

"这是为什么呢？"老爸故作不解状。

"嘿！这不肯定嘛！狗太快啦！它很快就跑到了小刚那里,并把他甩在身后,根本就不会出现它在两人连线的中点,更不会出现小明在狗和小刚连线中点的情况,所以只会有 Q 在 O 和 P 中间这一种情况啦！此时的方程恰好就是上面的第三个！"

"这就是初中数学的一个特点,我们依据框架来建立方程,有几种情况就可以建几个方程,在解方程的过程中,无解的以及解不合理的情况,先后舍去,留下的就是符合题意的正确解,这不正是名门正派的风骨吗？给众生平等的机会,但终究会吹尽狂沙始到金！"

3.2 动极静生

"老爸,动的观点看起来还是蛮重要的啊!"

"这只是表面现象啊,真正的'动'可不只是射线、线段或点看得见的移动,而是一种思想方法啊!"

"'坑爹'同志,太抽象啦,我不懂!"

"好好好,举个例子!"老爸手一抬,一个例子随手抛出:"如何在一个任意画出的三角形内,找到一个正方形,它的四个顶点都在三角形的边上?"

"这……不难吧,一个一个画,直到蒙……恰好有一个正方形符合要求!"

"还'恰好'呢!我看你就是想蒙!"

"也许吧,但我的确不太有把握。"

"可以尝试着先去满足部分条件吗?"

"部分条件?"

"你看,我们要找的是一个正方形,它有几个顶点?"

"这还用说,四个嘛!"

"部分条件就是指少于四个顶点。题目如果只要你找出这个正方形的三个顶点,你会怎么做?"

"这简单啊!两个顶点在三角形的底边上,还有一个在任意一条斜边上。"成潇在纸上画了出来。

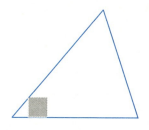

"非常重要的一步!尽管你画得有些低调,哈哈!"

"我似乎还可以再画个更大一点的。"

"很好,继续!你可以多画几个有三个顶点在三角形边上的正方形,看得出第四个顶点的轨迹是怎样的吗?"

"好像是一条直线啊!那这个正方形就很容易画出来啦!"

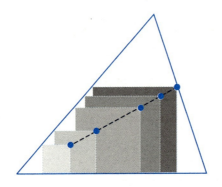

"就是这样的!虽然证明它还需要更多的几何知识,但它至少向我们表明,更高明的运动观点或者是运动观点的核心,是先满足条件的一部分,再逐步尝试去满足条件的全部!"

"老爸,如果说像马云那样在四十岁成为亿万富翁是很多人的梦想,我觉得你也实现了这个梦想的一部分,甚至可以说是一半!"

"啥意思?一个亿、五千万都不是我的目标!我根本没拿它当目标!"

"你已经四十岁了,这也是'先满足条件的一部分'啊!"

"你个小坏蛋,居然调侃我!"老爸作势欲揍成潇。

"注意你的涵养!言归正传,继续说题啊!"成潇赶紧求饶。

"那我就来出道题,看看你是不是真的知道了什么叫'条件的一部分'!题目是这样的:已知梯形的四边长分别为 a、b、c、d,求作这个梯形。"

"'坑爹'先生,梯形啊!我们只作过正方形、长方形、三角形、平行四边形、圆形,没作过梯形啊?"

"都学过还有啥意思啊!因为难,才好玩呀!"

"我猜这题需要用到'条件的一部分'!可是,是怎样的一部分呢?难道先画一半?"成潇随手在梯形里加了一条对角线。

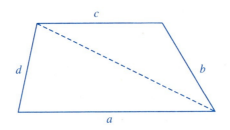

"你准备先画一半?"

"是啊,还能怎么样?"

"这也是个不错的主意!打算先画哪一半?"

"哪一半都画不出来!只知道两条边的长度!"

"我们来看左边这个三角形,两条边分别是 a 和 d,第三边长度不知道!但我们的思路应该是没有问题的,先画出一个三角形,或者至少是上面我们学过的简单图形中的一种,这个是必需的。"

"是啊,感觉梯形这两个腰离得太远了,没法放到一个三角形里。"

"为什么不说上底和下底隔得太远了,而要说两个腰呢?"

"两个底边互相平行,这个条件蛮好的,不需要动。"

"咦?为什么要说'动'呢?难道你打算移动两个腰中的一个?"

"不动画不出来三角形啊!已知条件能够靠拢一些就好了!"

"多棒的一个想法,靠拢!接着想啊,我的孩子,怎么靠拢?"

"沿着平行线平移,可以吗?"

"快说,移谁?b 还是 d?"

"都行吧,不区分的!"

"那还等啥?赶快移吧!"

"是不是这样……哈哈!这个三角形三条边都知道的,可以作出来了!"

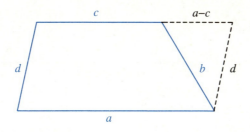

"太不可思议了!这个倒着的三角形做出来了!这个平行四边形也就手到擒来了!"

"老爸,你糊涂了啊,这题要我们作的是梯形!"

"平行四边形都有了,梯形还难吗?就好比面包树都有了,面包还远吗?"

"什么乱七八糟的,面包不是树上长出来的,好不好?"

"哦哦,我有点语无伦次了!你这个探究的过程太魔幻了,能不能再还原一下这个魔术?"

"魔术?这是一道货真价实的数学题目!"成潇不能容忍别人贬低他的劳动成果。

"快说快说!"

"首先,我确定没法直接作出梯形,按照运动的观点,需要先满足'条件的一部分',也就是先画一个简单的图形。"

"成潇博士,我想采访你一下,当时你怎么就知道要先画一个三角形呢?"老爸客串起记者来了。

"亚里士多德说过,灵感是在一段微不足道的时间里,通过猜想而获得的事物本质联系。"成潇入戏极快。

"哦!"老爸不想太快把成潇从梦中叫醒。

"当然啦,和我老爸的引导也是分不开的!但我后来还发现,如果当时就去思考如何画一个平行四边形,也是能破解此题的!"

"请收下我的膝盖!这都俩答案啦!"

"这算啥,我们不移动 d,而把 b 沿着底边平行移动,还是可以的!这就是'一题多解'的魅力,此之谓'殊途同归'也!"

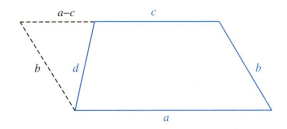

"服了你了!"老爸终于憋不住了,"不过,你还是漏了总结刚才从嘴里迸出来的那两个字:靠拢!解几何问题时,把已知条件集中在一个区域内,真的非常重要!"

"谢谢这位记者朋友的提醒,你简直可以当我的助教了!"

"哈哈,话说爱因斯坦常年受邀讲课,不胜其烦,他的司机自告奋勇顶替他来讲课,可是,某次课程结束后,有人非得提问'爱因斯坦'一个问题,你猜这位司机怎么应对的?"

"掉头就跑!"

"那也太没风度了,他优雅地说道,这是个很棒的问题,但我想给我的助教一次表达观点的机会!"

"不愧是爱因斯坦的司机,真机灵!"

"可是,这件事还是传了出去,人们就用'爱因斯坦司机的知识'来形容那些只知其然而不知其所以然的浅薄见解!"

"哈哈,老爸,我可不是爱因斯坦的司机哦!因为我从你后面举的这些例子中发现了用运动观点解决问题的本质:动起来的并不一定是几何图形,而应该是我们看待问题的姿势!"

"什么姿势?边跑边看问题?"

"非也非也!"成潇也模仿着老爸摇头晃脑的样子,"用运动的观点看问题,而不是静止地去想一个问题,这才是解题的'正确姿势'!"

"不错,真给你咂巴出一些妙味啦!"

3.3 数形相生

庚子年的新冠疫情还在蔓延,成潇期盼着的新学期开学依旧遥遥无期,他每天唯一的户外活动就是临近傍晚时和爸爸、妹妹一起在小区散步。小区面积不大,在一栋挨着一栋的楼房旁,留给人们行走的小路有些狭窄,走着走着,成潇突然心生一题。

"老爸,看到你和我们走在小路上,此时的我想吟诗一首!"他模仿着一位笑星的经典台词。

"又是何等不堪的歪诗?"老爸似乎不太喜欢这位笑星啊!

"话说父亲、儿子、女儿三人行走在一条直线上,儿子和父亲的距离是父亲和女儿距离的一半,请聪明的你回答:儿子和女儿之间的距离,是儿子和父亲距离的几倍?"

"晕倒!能换一种表述的方式吗?你自己不觉得拗口吗?"

"这有何难,且待我'翻译'一下,这样吧,我看你一脸为难的样子,我改一道选择题给你吧:点 A、B、C 在一条直线上,并且有 $AB = \frac{1}{2}BC$,则下列选项正确的是(　　)。"

A. $AC = 3AB$　　　　B. $AC = 2AB$

C. $AC = AB$　　　　D. AC 与 AB 长度的比值不能唯一确定

"无事出题,非奸即诈!"老爸一脸的慎重,拿着一根树枝溜到树下画了起来,不一会儿,粲然一笑,"嘿嘿,果不出我所料,你小子已深得'运动'之真味,在这道题里隐藏了三种可能!你看!"

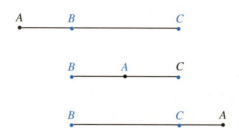

"果然老奸巨滑!可惜啊,你傻了吧,这第三种情况可能吗?"

"啊!还是着了你的道儿,也是我自己太过小心了!根据此题的题意,只会有前两种情况。不过,我还是很欣慰啊,这点 A 在点 B、C 之间游走,妙极!"

"喵叽喵叽,学猫叫啊!请开始解题啦!"

"'数缺形时少直观'。结合上了'形','数'变得直观了,又有何难?此题有两种情况。第一种情况下,AC 是 AB 的 3 倍,第二种情况呢,AC 是 AB 的 2 倍,所以只能选 D,比值不能唯一确定。"

"'数缺形时少直观',谁说的?蛮有道理啊!"

"必须啊!华罗庚!"

"大神大神,膜拜!"

"该你接招啦!A、B、C 是三个不同的点,那么以下哪个表达式是对的?"

A．$AB + BC = AC$　　B．$AB + BC > AC$　　C．$BC \geqslant AB - AC$

"抄我的题吧?我说三个点,你也来三个点,连字母都不换一下?"

"可比你的题目更有想象空间哦!开始你的想象吧!"

"让一下,老爸,借你地上这个图一用!"成潇一边说着,一边把老爸挤到一边,不一会儿就喊了出来:"谢谢华爷爷!结合图形来考虑,这题真是太简单,必须选 C 啦!"

"真的吗?仔细审题了吗?这里可没说三个点在一条直线上哦!"

"啊!"

"咋了?你不需要考虑 A、B、C 构成一个三角形的情况吗?"

"是滴是滴,那也还是选 C 啦!"

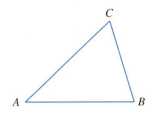

"可不是这样说的!到了初中,考虑问题需要更加周全。刚才你出的那道题,A、B、C 在一条直线上,现在没有了这个前提条件,我们自然就要想到,A 是可以运动到 BC 这条直线之外的,这才是更加地道的运动观点啊!"

"那看到了数,要去想形;看到了形,要不要去想数呢?"

"很棒的问题!回答是:那也是必需的!比如说,一个角的补角的补角和这个角会有怎样的关系?我给你四个选项,你看,比刚才给你的还多一个!"

"有没有搞错啊!选项多了,其实是加大了难度哎!"

老爸不置可否地笑了笑,继续说出了选项:

A. 不可以互补　　B. 不可以互余

C. 不可以相等　　D. 可以既互补又相等

"我声明一下,我对这些像绕口令一样的题目很没感觉!"

"它对你很有感觉哦,会一直缠着你,这就叫'怕啥来啥'!"老爸用手做出蛇游动的样子,在成潇脖子周围绕来绕去。

"快快走开……这里面角的关系有点多,我可以试试设未知数吗?"

"请便,先生……"老爸做出一个脱帽致意的动作。

"选项 A 说不可以互补,我们先假设可以互补的话,就有这样的关系式:$x + [180 - (180 - x)] = 180$,解出来 $x = 90$,选项 A 不对;选项 B 说不可以互余,我们依旧假设可以互余的话,就有这样的关系式:$x + [180 - (180 - x)] = 90$,解出来 $x = 45$,选项 B 也不对。

选项 C 说不可以相等,我们还是假设可以相等的话,就有这样的关系式:$x = 180 - (180 - x)$,解出来 x 可以为任意角度,选项 C 也不对啊!那就只有选 D 了!"

"选项 D 真的对吗?"

"当然！它不就是综合了选项 A 和 C 吗？"

"如果把'可以'二字去掉呢？"

"那就是在胡扯了！明明还可以互余嘛！"

"正确！你看，并非总是要让'数'去找'形'，有的时候，'形'也可以主动去找'数'，因为，华爷爷还说过，'形少数时难入微'，也就是说，没有了'数'，'形'就显得有些不够精确啦，无法去描述比较细致精微的关系。等我们在高中学习了三角函数之后，再回头看看初中的很多几何证明题，就会发现这些题目居然可以如此轻松地搞定！这都是由形找数的妙趣！"

"华爷爷还说过什么？能不能一次说完，别一会儿蹦出一句好不好？"

"看你着急的劲儿！好吧，就不吊你胃口了，这首诗的最后两句是：数形结合百般好，隔离分家万事休。"

"百般好？能有多好呀？"

"纸上随意几条线，团灭小学数学题！"

"你就可着劲吹吧！随便画几条破线，就能把小学数学题一网打尽?!"

"你不信？"

"没法信！搁谁谁也不信！"

"好嘞！坐稳看好啦！"

3.4 四则归来

"首先,来一道热身题,父子年龄一共三十岁,请问爸爸和儿子各多少岁?"

"什么?"成潇走到老爸面前,摸摸他的额头,"你确定你在出数学题?"

"怎么了?请答题哦!当然,这里面有个隐含的前提条件:父子二人的年龄都是整数。其实不告诉你,你也知道,对吧?"

"那也算不出来啊!"

"错!只不过答案有很多个,儿子 0 岁时,也就是刚出生时,父亲 30 岁……"

"还可以是:儿子 1 岁,父亲 29 岁;儿子 2 岁,父亲 28 岁……"

"不错啊,都可以抢答了!"

"这也是题目吗?"成潇还是不解。

"当然。我们还能画出一幅图。"

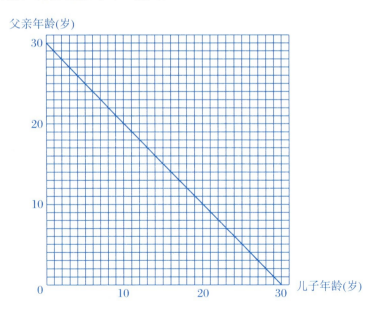

画完图老爸接着说:"你看,在这根线段和单元格的交点上,包含了这道题所有可能的答案!"

"但这有什么意义呢？更何况有些解是明显不合理的，例如：儿子 30 岁，父亲 0 岁……"

"别着急，解题可不会只有一个条件，就像你刚才所说的，如果就这样让你解题，你也解不出来啊！好，第二个条件是，父亲年龄是儿子的 14 倍，这条线该如何画出来呢？"

"我想想……两点决定一条直线，我只要找到符合这个条件的两个点就可以，儿子 1 岁时，父亲 14 岁；儿子 2 岁时，父亲 28 岁。好了，这样画就可以了！"

"现在你看看，它们的交点对应的父子年龄各是多少？"

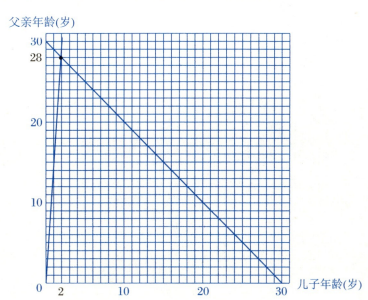

"父亲 28 岁，儿子 2 岁，这个时候，父子年龄的和是 30 岁，同时，父亲的年龄也是儿子年龄的 14 倍。"

"其实，这就是从'形'的角度来观察我们解题的过程，非常直观。当题目给出第一个条件时，它描述是一种父子年龄'和不变'的状态，题目给出的第二个条件，是父子年龄成一个固定倍数，也就是'倍数不变'的状态，当两个状态同时满足时，也就是两条直线有了交点时，自然就是题目的解了！"

"可老师说年龄问题我们要关注'年龄差'啊，因为从儿子出生开始的每一年，只有父子的年龄差是稳定不变的。"

"注意区分哦，其实并没有矛盾。'年龄差'关注的是一对父子，'年龄之和'与'年龄的倍数关系'则关注的是许许多多的父子,从其中挑出同时满足两种状态的,就是我们要寻找的那对父子,也就是题目的解啦!你帮我想想,如果是年龄差,应该怎么画到图上呢?"

"差多少呢?"

"假设差24岁吧!第一个条件不变!"

"那还是如法炮制:找到符合条件的两个点。儿子0岁时,父亲24岁;儿子1岁时,父亲25岁。可以画出来了,看出来啦,儿子此时3岁,父亲是27岁!"

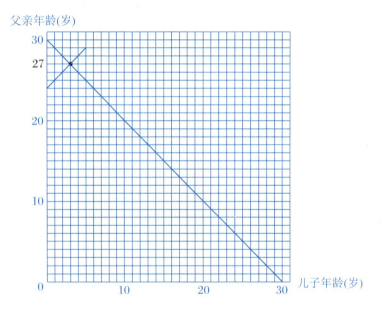

"上面两道题分别用几何的方法,解决了和倍问题与和差问题,你能出道差倍问题难为我一下吗?"

"我可以满足你这个'自虐'的要求,嘻嘻!听好啦:儿子和父亲年龄相差36岁,请问,当父亲年龄是儿子4倍的时候,儿子多大了?千万记住华爷爷的教诲,'数缺形时少直观',要用几何方法来解哦!"

"忘不了!看好咯!"不一会儿,一幅图便跃然纸上,"你看,最上面这条平缓一些的直线,描述的是'儿子和父亲年龄相差36岁'这样一种状态,这条直线和单元格的每一个交点,对应着这对父子每一年各自的年龄;从原点出发的这条直线陡峭了许多,它描述的是一群父子年龄共同的特征:父亲年龄是儿子年龄的4倍。

找到这两条直线的交点,就从茫茫人海中找到了同时符合这两个条件的一对父子:父亲年龄是儿子的4倍,同时恰巧比儿子大36岁!"

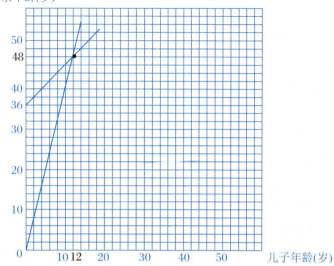

"干得不错啊,老爸!完成任务啦!"

"我们再来看看这几道题的解题过程有没有相似之处?"

"很明显嘛,我们都是画图解题的!"

"还有呢?每条直线代表的数量关系呢?"

"只有和不变、差不变和倍数不变。"

"其实,倍数不变就相当于比值不变,和、差、积、商都齐活了!"

"为什么会这样呢?"

"还记得这样一个笑话吗?说有个球迷统计了2018年中超联赛各个球队的进球总数和失球总数,惊讶地发现了一个巧合:这两个数字居然是一样的!"

"嗨!那不肯定的嘛!一个球队进了一个球,肯定就有另一个球队失了一个球,进球总数和失球总数是同步增加的,最后能不一样吗?"

"那你再开动大脑想想,为什么我们用这种画图的方法来解题,最后看到的直线只会有四种类型:和不变、差不变、积不变、商不变?"

"因为小学的运算只有这四种吧!"

"正确!这个问题看似很简单,但更多的学生都被题目千变万化的外表给迷惑了,没法静下心来体会背后不变的东西!其实,用这种直观的解题方法,我们可以再次确认,在变化的背后找不变,不仅很重要,其实远没有我们想的那么难,因为不变的东西是很少的!"

"你是不是又要说'万变不离其宗'了呀?老爸,我发现这种方法有局限!"

"什么局限?"

"只能解决两个量之间的问题,如果再加一个量呢?比如说,三个人的年龄问题。"

"儿子,我需要介绍你认识一位老人家了。"

"谁?华爷爷?"

"查理·芒格,股神巴菲特的'亲密战友',他俩的公司创造了一个又一个财富神话,但我想说的是,指引他们获得巨大成功的,其实都是一些简单到令人发笑的基本常识。"

"比如……"

"关于如何获得巨大财富,他们共同的心得是,找到一团很湿的雪,和一个长长的雪道,推下去滚起来,就可以了!"

"这也太简单了!"

"但他们真的是这么做的,找到好公司,长时间地持有它们的股票,就是他们的'致富秘籍'。那又如何持续地提升我们的解题能力呢?找到简单的基本原理,不断地进行练习,仅此而已。你问我三个人的年龄问题怎么办,我的回答是:转化为两个人的年龄问题。把未知的、不熟悉的问题,转化为已知的、熟悉的问题,仅此而已。"

"我再出道题,你演示一下吧!父亲34岁,儿子8岁,女儿4岁,问几年后,父亲的年龄与儿女二人年龄和相等?"

"用转化的思想,把儿女看作一个人。不过要注意的是,父亲的年龄每过一年增长一岁,但儿女年龄和每过一年会增长两岁。我们需要根据题目的特点,改变一下横轴和纵轴的含义,横轴代表年数,纵轴代表岁数。

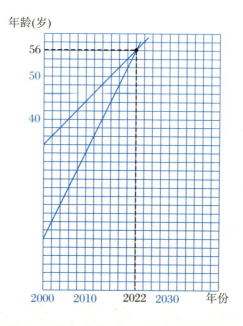

你看,我们找到了交点对应的年数:22年之后。此时,三人的年龄和是多少?"

"简单观察一下就可以啦!横着往左看,对应的是56岁,说明父亲是56岁,儿女二人年龄和也是56岁,三人一共就是112岁。"

"你知道为什么有些题目我们无从下手吗?"

"不会做呀!"

"不会只是表象,就好比说计算有问题都怪罪于'粗心'一样!题目不会,也是'冰冻三尺非一日之寒',这道题一定有它的母题,就好比人都有母亲一样,当我们没有充分吃透母题的时候,随着题目涉及的数量关系逐步变多,我们解题时搭建的'大厦'就越来越摇摇欲坠了!"

"有好的解决办法吗?"

"首先,要从多个角度真正吃透母题。先用算术方法做出来,再设个未知数,建个方程再把它解出来,还不过瘾,再画几条线段搞定它!这就好比从多个角度看同一个物体,岂有看不'透'它的道理!接下来,需要借助寥寥几种基本思想方法,例如刚才我们提到的'转化',把看似不同的题目都化归到它的母题上,就真正做到'以简驭繁'了!"

"不过,我还是喜欢这种画图的方法,看得贼清楚!"

"好吃你就多吃点,好用你就多用点吧!哈哈!"

3.5 形之规律

暑假的农场里,成潇、俊熙、石头围在了俊熙舅舅的自行车边。

"舅舅,你这个变速自行车很酷啊!"

"一般一般!"俊熙替舅舅回答了,"这可是最新款的十速变速自行车!"

虽然和她是好朋友,但看着俊熙如此嘚瑟的样子,成潇要难为她一下:"那我考考你,这自行车的前轮和后轮,分别有多少个齿?"

"这我哪里知道啊!这个问题就好比'蜈蚣有多少只脚'一样可笑!"

"非也非也!"石头也来给成潇帮腔了,"只要是确定种类的蜈蚣,脚的数量可是确定的哦,其实也不多,一般都在15对到45对之间……"

"石头,你……"俊熙没想到石头居然帮成潇来"刁难"自己。

"车轮的齿数就相当于是它的周长,你们看,主动轴上有3个齿轮盘,齿数分别是48个、36个、24个;后轴上则有4个齿轮盘,齿数分别是36个、24个、16个、12个……"成潇带着大家数了起来。

数完了,大家看着成潇在地上用树枝画了一个表格,然后把数完的数据填到了表格里,他先把全部空格都填满了,然后又划掉了几个数。

后轮 / 前轮	48个	36个	24个
36个	$\frac{3}{4}$	1	$\frac{3}{2}$
24个	$\frac{1}{2}$	$\frac{2}{3}$	1
16个	$\frac{1}{3}$	$\frac{4}{9}$	$\frac{2}{3}$
12个	$\frac{1}{4}$	$\frac{1}{3}$	$\frac{1}{2}$

"你们看,如果分数值相同,说明车速是相同的,我们只需要把相同的分数值划掉,就可以看出来有几档不同的车速了……"

"12个里面划掉了4个,还有8个!这款山地车只有八档车速!"俊熙喊了出来,"怎么能说是'十速山地车'呢?这可是虚假广告啊!"

"赶快找生产厂家啊,不能让他们再欺骗别人了!"石头看热闹不嫌事大。

"我们先把里面的数学道理弄明白呗!"俊熙可不愿意中了石头的激将法,转移了话题,"在这些大大小小的齿轮盘背后,隐藏着确定的数量关系。我最近在预习《数学》七年级上册的课本,发现这样一道普通的题目:写出符合下列条件的数:(1)最小的正整数;(2)最大的负整数;(3)大于-3且小于2的所有整数;(4)绝对值最小的有理数;(5)在数轴上,与表示-1的点的距离为2的数。"

"确实不难。"俊熙的舅舅居然也插话了,"我都知道怎么做。"

俊熙继续说道:"我们如果从'数'去解题,就会觉得抽象,特别是第三小题和第五小题,符合要求的数较多,这时可以利用数轴,'以形助数'直观地解决问题。"

"可这题我们借助的是表格。"石头又想怼俊熙一下。

"急什么,没说完呢!"俊熙白了石头一眼,"不论是数轴还是表格,其实都是把那些不重要的信息给过滤掉了,只留下数量之间最直接的关系,你们有没有感觉'形'其实也是一个漏斗?"

"似乎有些道理!"成潇附和了一下。

"我再举一个例子,如下图,我们把将一个边长为1的正方形纸片分割成7个部分,编上号之后,每个部分依次是前一部分面积的一半,部分②是部分①面积的一半,部分③是部分②面积的一半,依此类推……"

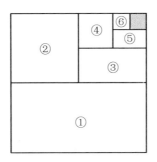

"现在请问,阴影部分的面积是多少?"

"很明显,每一部分都是前一部分的一半,大正方形的面积是①,部分①的面积是$\frac{1}{2}$,部分②的面积是$\frac{1}{4}$,部分②的面积是$\frac{1}{8}$,部分④、⑤、⑥的面积

分别是 $\frac{1}{16}$、$\frac{1}{32}$、$\frac{1}{64}$，而阴影部分的面积和部分⑥的面积是一样的，也就是阴影部分的面积是 $\frac{1}{64}$，我说的对吧？"

"那受此启发，你能求出 $\frac{1}{2} + \frac{1}{4} + \frac{1}{8} + \cdots + \frac{1}{2^n}$ 的值吗？"

"这还不简单，$\frac{1}{2} + \cdots + \frac{1}{2^n}$，也就是 1 减去阴影部分的面积，通过观察图形，我发现阴影部分的面积和最后一部分的面积是一样的，都是等于 $\frac{1}{2^n}$，那么 $\frac{1}{2} + \cdots + \frac{1}{2^n}$ 就等于 $1 - \frac{1}{2^n}$。我说的对嘛！通过'形'解题真方便！"

"可惜'形'也不是万能的，虽然它有形象、直观的优势，但有时也显得粗略和繁琐，所以如果需要精确的数量关系，还必须借助代数的计算，特别是对于较复杂的'形'，咱们不但要正确地把图形数字化，而且还要留心观察图形的特点，发掘题目中的隐含条件，充分利用图形的性质或几何意义，把'形'正确表示成'数'的形式，以数助形，利用精确的数量关系来揭示几何图形的性质。"成潇最近经常做梦梦见数学家，不知道是不是他们给了他灵感，他感觉自己的表达能力变强了。

"举个例子吧，你这样说太抽象了啊！"石头不太能接受这样的大段演讲。

"你们来这边！"成潇用石子在地面上摆起了"小房子"，大家一开始以为他要做什么游戏，后来才知道他又要出题给大家做了："摆第 10 个这样的小房子需要多少颗石子？摆第 n 个呢？"

"是不是要分开啊？"俊熙的舅舅也凑了过来，"分成三角形和正方形会不会好做一些？"

"舅舅，分开以后这两个图形就不完整了呀，你看，三角形三条边都保留的话，正方形就少了一条边！"俊熙发现了问题。

"这里面隐藏着一个等差数列！"石头不知道从哪里得到的灵感，"你们看,后面一个'小房子'总比前一个多6颗石子,利用等差数列的规律,容易想出摆第 n 个'小房子'需要的石子数,从而得到图形的规律 $5+6(n-1)=6n-1$。"

"很厉害啊!"成潇不由赞叹到。

"我知道你的套路!"俊熙越来越感觉今天成潇和石头是"一伙儿"的了,"你不过是找到了数与形之间的对应关系!先借助等差数列,找到石子摆放的规律,运用'数'的规律,通过数值的计算,寻找出处理'形'的方法,来达到'以数助形'的目的,从而破解了成潇的这道题。谁知道呢,你的思路这么清晰,说不定你们之前就商量好了,炫耀给我看的呢!"

"太疯狂啦,血口喷人啦!"石头大喊了起来,引得周围的人都报以惊讶的目光。

"没毛病啊,俊熙!数形结合就能优化解题思路,把问题化难为易、化繁为简哦,我老爸经常和我说数学之美,其中就包含了和谐统一的美,你看,你们一个是作文高手,一个是诗词大家,多和谐统一啊!"俊熙的作文笔法老练,情真意切,石头则可以熟背唐诗宋词,爱到深处,还尝过墨汁的味道,成潇对他们都挺佩服,"你看,代数中的'杨辉三角'和几何中的'黄金分割'不都是数与形和谐统一的范例吗,甚至'大漠孤烟直,长河落日圆'这样的诗句,也都蕴含了图形之美啊!"

"一去二三里,烟村四五家。亭台六七座,八九十枝花。"石头摇头晃脑了起来,"兄台所言确实偏颇,古诗中岂是只有'形',这'数'的美,你没有品味到?"

"切！一年级的水平！"俊熙想起了这首诗是在刚上一年级时学的，不禁讪笑。

"嗯，不愧是诗词大家啊！我们现在可以发现，数形结合让数量的精确与几何的直观巧妙地结合在一起，我们今天又通过图形体会到其中包含的规律，我们手里的兵器越来越厉害了，可以使复杂问题简单化、抽象问题具体化啦！"

"石头、成潇，我们一起来玩'飞花令'吧！"俊熙要"教训"一下这两位"反客为主"的人，当然，主要目标还是石头啦！

俊熙舅舅的脸上掠过一丝不易察觉的微笑，看来俊熙要赢啦！

3.6 穿越维度

终于等到了学校开学的通知,成潇非常高兴,约了同学俊熙去操场跑步。跑了几圈之后,两人都有些累了。俊熙走到一堆石子旁,把成潇喊了过来。

"成潇,我这有根绳子,我想考考你,怎样围才能围住最多的石子?"

"这不简单!"成潇对自己的数学还是很有信心的,"围成一个圆!"

"如果必须围成三角形、长方形和正方形中的一种,又应该选哪一个呢?"

"哈哈,这也难不住我!一定是正方形!"

"我现在要放大招啦!用同等面积的纸板,去围成任意一种立体图形,请问哪一种体积最大?"

"这……"成潇被俊熙这连环三问弄得有点晕。

"你知道我最近猫在家里读什么书吗?"

"什么书?"

"《三体》,我把三本都读完了。"

"风马牛不相及吧,这和你刚才问的问题有关系吗?"

"关系极大!明天下午你来我家,我可以借给你看!看完你就知道有什么关系了!"说完,就一溜烟跑了。

晚上,成潇和老爸聊起了白天的事。

"老爸,你说这俊熙葫芦里卖的什么药?"

"嘿嘿!"老爸居然笑了,"你知道外星人为什么能穿越星际到访地球吗?"

"乘坐太空飞船呗,地球人都知道。"

"那为什么地球人没法去外星人那里串串门呢?"

"……你说得好像真的一样,有没有外星人还不一定呢!"成潇被老爸问住了,又不愿露怯,只好打打擦边球。

"哈哈,《三体》这套书我们家有,但答案只有你自己去找哦!"

第二天一早,成潇给俊熙打了个电话,说自己要出一趟远门,等回来了再去她家拿书,电话刚放下,就开始心急火燎地看书啦!他受不了她故作神秘的样子,下决心要让她大吃一惊。

过了两天,成潇主动找老爸聊这本书了。

"我知道了!外星人和地球人打仗,都是'降维打击',要么是三维打二维,要么是四维打三维!"

"还有四维?!"老爸故作吃惊。

"作者在书里提到了很多物理学的知识,也包括爱因斯坦的相对论,相对论里有关时空的见解你不会不知道吧?"

"那和俊熙问你的题目有啥关系呢？或者说,俊熙为何要暗示你这套书里藏着答案呢？"

"当然有关系！你看,点是没有长度和面积的,我们可以认为是零维,但很多点组成的线却是一维的,注意,线段就有长度了。接下来,很多线又组成了面,这可是二维的,有'面积'的概念了,最后,若干个面又组成了体,这下连'体积'的概念也有了！"

"有点那个意思了！但你还是没法回答俊熙的问题哦！"

"我感觉很快就可以回答了！"

"祝你早日成功！现在快去继续你的星际探索吧！"

"得令！"成潇又一头钻进了书房。

五天后的晚上九点半。

"找到了！找到了！"成潇从书房里冲了出来。

"快穿上衣服,我的阿基米德同志！"老爸调侃道,"这可不是古希腊时期,是文明时代啦！"

"地球人和外星人在制造飞船的技术上,最大的差异就是外星人对能量的利用效率更高,所以可以让自己的飞船飞得更远更快！"成潇顾不上回应老爸的调侃,直接切入主题了,"俊熙的问题里其实有三个维度：从周长到面积,是从一维到二维；从表面积到体积呢,则是从二维到三维啦！"

"那这些题目和能量利用的效率又有啥子关系哦？"老爸又开始"装"了。

"别着急啊,从一维到二维,从二维到三维,都是维度的升高,好比是从地球人到外星人的进化,自然应该有更好的能量利用效率啦！"成潇好似练武之人打通了任督二脉,"同样的周长,圆形可以'产生'最多的面积；同样的表面积,球形可以'产生'最多的体积。这不分明是更高的利用效率吗？而圆形和球形,是外星人最钟爱的形状,你看,连它们的脑袋都是圆形的！"

"额……我没见过外星人,此处我保持沉默……"面对成潇撒豆子般的论述,老爸打算先避其锋芒。

"我想我明天可以去俊熙家啦！"

"你确定你明天就'从外地回来了'？"

成潇尴尬了："老爸,你怎么知道的？"

"你小子,尽给我挖坑!昨天,俊熙的爸爸问你什么时候回来,我差点就给说漏了!"

"你怎么说的?"成潇还是很紧张的。

"无甚大碍,回归正题!外星人脑袋什么形状不重要,我们能从这些科学知识和数学题目中总结出一些共通的规律,才是真正有意义的!"老爸还是认可成潇的总结的,"那我问你,如果相等面积的三角形、长方形、正方形和圆,谁的周长最小呢?"

"这个问题真的可以用刚才的思路迎刃而解,一定是圆形!因为周长也是'资源',圆形占用的'资源'一定是最少的,也就是周长最短!"

"不赖嘛!来来来,你再仿照这题出道类似的。"

"嗯,我想想……同样体积的球体、圆柱体、圆锥体、长方体、正方体,谁的表面积最小?"

"自己出题自己答呗!"老爸一副懒散的样子。

"老爸,你真懒!"成潇挪了几步,面对刚才自己站的位置,"我想应该是球体!"

"我再补你一刀!如果是同样体积的球体、圆柱体、圆锥体、长方体、正方体,和三棱锥,谁的表面积最大?"老爸把"三棱锥"说得很重,莫非要在这里挖坑把成潇扔进去?

"三棱锥!"成潇机灵绕过。

"这么确定?"老爸有些惊诧。

"其实,我又总结了一个规律,越是棱角突出,形状尖锐的东西,就越耗费资源!你看,三棱锥无疑比其他几种立体图形都更突出和尖锐!"

> 结构16:穿越维度时的"能量"最省原则:
> 周长(一维)相等的三角形、长方形、正方形、圆形,圆形的面积最大;面积(二维)相等的三角形、长方形、正方形、圆形,圆形的周长最小。
> 与之类似,表面积(二维)相等的三棱锥、长方体、正方体、圆柱体、圆锥体、球体,球体的体积最大;体积(三维)相等的三棱锥、长方体、正方体、圆柱体、圆锥体、球体,球体的表面积最小。

"这么说,金字塔不应该建成三棱锥的形状吗?"

"老爸,对古人不可以求全责备啊!再说了,他们其实早就关注类似的问题了。"

"哦?"老爸这次真的不是装的了。

"话说古代腓尼基民族最强盛的时候有个推罗王国,王国的公主狄多有个非常富有的丈夫,可惜被她的哥哥加害,狄多也逃亡到了非洲的北海岸,公主想要求得一块栖身之地,当地人的首领同意给他们一块'能够用一张牛皮包起来的地方',聪明的狄多公主把牛皮剪成了一根一根的长条,然后把它们连在一起,在海岸边围出了一大片土地,建成了著名的迦太基城。直到今天,我们还能在突尼斯的东北部看到迦太基城的遗址……"

"她一定是沿着海岸线围出了一个半圆吧?"

"你猜对了!"

"公主不厚道啊,寄人篱下,人家盛情送地,她还把牛皮剪成长条,出此'狠'招……"老爸不淡定了。

"怪也只能怪非洲人太小气,用牛皮包一块地送给她,亏他们想得出!不过,老爸你应该高兴啊,这至少说明学好数学有多么重要,如果非洲北海岸的同学们学会了'穿越维度'这招,就不会被公主收割啦!"

"但你举的这个例子和我们前面的问题还是不太一样的!公主这次是

利用海岸线围个半圆,而不是完整的圆,她是怎么思考的呢?"

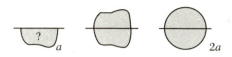

"她也学会了画(化)龟(归)啦!借助轴对称的技巧,她把沿海围地的问题转化成陆地上的围地问题:把海岸线想象成一面镜子,镜子内外的线条就将会共同围成一个封闭的轴对称图形,如果我们用长度为 a 的线条在海岸线的这一侧围出了面积为 S 的空地,海岸线这一侧的线条和海岸线另一侧的镜像线条就会共同围成一个周长为 $2a$,面积为 $2S$ 的轴对称图形。"

"真是一个很好的思路啊!为了让 S 尽可能的大,我们只需要让 $2S$ 尽可能的大即可。这样,问题就变成了'如何用长度为 $2a$ 的线条围成一个面积尽可能大的轴对称图形'。然而,在周长固定的轴对称图形中,圆的面积最大,因此,我们应该把这个长为 $2a$ 的线条围成一个圆,那么狄多问题的答案就是一个半圆了,这也就是说,狄多公主应该在海边围出一块半圆形的地盘。"

"反客为主,你的风头超过我啦,老爸!"

"哦哦,低调低调!成潇同学,我还想再请教你一个问题。"

"但说无妨。"成潇坐正了身体。

"请问古希腊大哲学家毕达哥拉斯眼中最完美的图形是什么?"

"尽管我不知道,但我猜是圆形。"

"厉害!猜对了!"老爸嘴上应付着,心里却在盘算着如何"扳倒"成潇。

"事实上,在周长固定的所有图形当中,圆的面积都是最大的!"

"第二题,给定一个等边三角形,如何用一个最短的线条,把它分成面积相等的两部分?注意,不一定是直线哦!"

成潇许久没有说话,看来这题的难度不小。

"还是要想办法画(化)个龟(归)哦!"老爸在敲着边鼓。

"别说话……"成潇紧蹙的眉头打开了一点,似乎有门路了,又过了有一分钟,他大喊道:"来六个!"

"吓我一跳!来六个什么?六个六吗?双击666,点赞加关注?"老爸似乎找回在抖音上看直播的感觉。

"把这个等边三角形再复制五次,得到一个正六边形,它的面积是确定的,现在问题就转化为,如何在正六边形里面画出一个周长最短的封闭图形,它的面积刚好等于正六边形的一半!因为我们的目标就是让这个封闭图形的周长最小,所以显然应该让这个封闭图形正好是一个圆。因此,给定一个等边三角形以后,平分其面积的最短线条就是一段圆心角为 60° 的圆弧!"

"老铁,你太有才了!这题都难不住你,你可以冲出地球了!"

"不和你说了,我知道你在讽刺我,我去继续看《三体》,那段关于宇宙降维真相的讨论写得真棒,地球人类就要灭亡,程心就要和关一帆重新进入大宇宙生活啦!"

第4章 解 题

算学中所谓美的问题，是指一个难于解决的问题；所谓美的解答，则是指一个困难、复杂问题的简易回答。

——狄德罗

一场战役的胜与负，是在什么时候决定的？你一定会说，"运筹帷幄之中，决胜千里之外"，肯定是这场战役的统帅在谋划如何用兵的时候啦！

那一道数学题，做对还是做错，又是在什么时候决定的呢？同样的，是在我们制订解题方案的时候。

在这一章，就让我们来看看"解题战役"的全过程吧！当我们从解题思想、策略和方法三个维度来观察"谋定而后动"的诸多细节，你或许会对解题产生不同于以往的感受！

4.1 何为解题

"老爸,到底什么是数学解题?"九月后的一个夜晚,成潇在桌边突然发出这样的疑问。刚刚走入初中的他,经常问出一些"古怪"的问题。

"我的天哪!"老爸模仿某著名笑星的样子,手抠着下排牙齿走近儿子,"你怎么会问出如此深刻的问题?"

"我们数学老师今天在班里说,区里就要进行一场数学小论文的征文比赛,最好不要写课本上学过的那些主题,应当写一些比较深入的内容。我想去投稿,所以就想请教你一下啦!"

"那这也太深了,老爸还没琢磨明白呢!"

"你不是解题'大拿'么?基本没有你不会解的题目啊!"

"看在你这么'器重'我的份上,我就实话实说啦,解题就是打仗!"

"打仗?"成潇无论如何也没法把斯斯文文坐在桌边的解题,和喊杀震天驰骋沙场的打仗结合在一起。

"这是我看了一位解题巨匠写的书后的体会。他叫波利亚,出生在匈牙利,后来在美国斯坦福大学当教授……"

成潇听到"斯坦福"几个字后突然来了精神,腰直了起来:"那他写的书一定很难懂吧?"

"恰恰相反,他的书非常通俗易懂,解题在他的眼里只有寥寥四步:弄清问题、拟订计划、实现计划和回顾。你看像不像打仗的火力侦察、制订作战计划、实施计划和打扫战场这四步?"

"你别说,还真有点像。具体说说呗!"

"我还是结合题目来说吧,假如有这样一道题:五一节我们全家自驾出游,原计划6小时到达目的地,结果路途中有11千米的道路在施工,只好降速80%行驶,结果我们比原计划晚到了24分钟,请问:两地间的距离是多少千米?首先,你要弄清问题,此时你要问自己若干问题:未知数是什么?已知数据是什么?条件是什么?条件是恰好充分的,还是多余的,或者是矛盾的?"

"条件还会多余或矛盾？那题目不是错了嘛！"成潇又怒了。

"别着急，波利亚所说的'题目'，可不一定是老师出好了给你在课堂或考场里做的，完全可能就是生活中的一个真实问题，需要我们立即用数学的方法去解决，此时，条件当然可能出现他所说的三种情况啦！"

"好吧，接下来呢？"

"他建议我们画张图，并引入适当的符号来表示题目中的数量或关系。这和'框架思维'不谋而合了，我也认为，结构化解题的第一步是条件的结构化，于是，针对上题，我们可以画这样的一幅图和一张表："

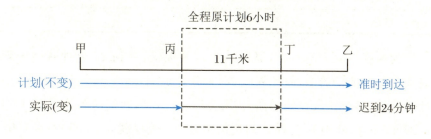

	路程	时间	速度
计划	不变	?份	5份
实际	不变	?份	1份

"这样的话,我们就把如流水般的文字间包含的各种关系和结构清晰地展现了出来,同时开动左右半脑,开展结构化的思考!"

"接下来怎么办?"

"如果你不能一眼看出结果的话,波利亚建议你想想是否见过形式上稍有不同的题目?如果有这样一道与你现在的题目有关并且是你已解过的题目,你就要尝试着去利用它了!"

"没见过和它类似的题目!"

"那你得考虑改改题目啦!"

"改题目?这给老师发现,屁股岂不是要被打开花呀?"

"也没你说的那么严重吧,更何况这里说的'改改题目',是指你能否想出一个比较容易下手的,比较特殊的并且类似的题?"

"我算听明白了,就是把题目改简单一些,这个我贼擅长,我来试试!你看这样行不行:五一节你们全家自驾出游,原计划6小时到达目的地,结果路途中有11千米的道路在施工,只好降速50%行驶,结果你们比原计划晚到了24分钟,请问:两地间的距离是多少千米?"

"怎么'我们'都改'你们'啦?难道五一出游都不带你?太无情了吧!"

"这是语文老师教我们的改写句子的方法!注意,我把80%改成了50%,简单一些些啦!你这个表格我也下手改改咯!

	路程	时间	速度
计划	不变	?份	2份
实际	不变	?份	1份

因为速度是原来的一半,那时间肯定要加倍,迟到24分钟嘛……就是这时间1份和2份的差,原计划就是24分钟走完,现在走了48分钟。如果按照原计划,通过这段在修的路,需要用时24分钟,我们的车速是11÷24×60=27.5(千米/小时),全程计划用时6小时,全程就是27.5×6=165(千米)了!"

"想想,改过后的题和原题有什么区别呢?"

"唯一的不同就是降速的幅度改变了!降一半,数量关系就简单了!"

"你觉得改过的题像什么?"

"梯子!"

"哈哈,是的,只要有足够的梯子,世界上就没有难题了!因为我们可以一级一级地爬上去!"

"接下来该进行第三步了吧?"

"是的,我的司令官!你已经决定采用'迂回策略'来达到解题的战略目标,下面就是勇敢地去实现你的求解计划啦!但是要小心,你要确信你可以清楚地看出每个步骤是正确的,并且能否证明这一步骤是正确的。"

"这可有一定的难度!我试着来啊,先要把表格中的时间和速度份数改回去。"

	路程	时间	速度
计划	不变	1 份	5 份
实际	不变	5 份	1 份

"答案会变吗?"老爸关心地问道。

"当然,但思路没问题,因为我们抓住了不变量!只不过和 24 分钟对应的是 $5-1=4$(份),$24÷4=6$(分钟),这就是一份时间所对应的量,我确定这一步也是对的,因为这是'量率对应'的典型应用!接下来就是'黄金三角'的数量关系演算了:按照原计划,通过这段在修的路,需要用时 6 分钟,也就能算出来,我们的车速是 $11÷6×60=110$(千米/小时),全程计划用时 6 小时,全程就是 $110×6=660$(千米)了!"成潇如释重负。

"我们可以开始打扫战场了,看看有没有敌人留下的高级装备!"

"哈哈,留给你一个手榴弹!"成潇还沉浸刚才的喜悦中。

"波利亚非常看重解题后的反思,他给出了一个清单:你能否检验这个论证?你能否用别的方法导出这个结果?你能不能一下子看出它来?你能不能把这个结果或方法用于其他的问题?这和我的想法不谋而合,我也认为,解题后的思考远比解题前的思考重要。"

"切……"成潇不以为然。

"给你摆一摆吧:我们首先是立足于不变,去比较变化带来的差异!你看……"老爸在刚才画出的线段图里面,加上了"计划(不变)"和"实际(变)"的字样,"你看,为什么会迟到 24 分钟呢?唯一的原因就在于有 11 千米的道路我们降速了,降了多少呢?80%,如果把原来的速度看作 5 份的话,现在就只有 1 份。接下来,再根据第二个解题框架——'虚实对应',我们知道和24分钟对应的是5－1＝4（份），24÷4＝6（分钟），这就是一份时间所对应的量。"

"那为啥时间这列里面是反过来的，是1份和5份呢？"成潇明知故问。

"这得用到第三个解题框架——'黄金三角'了！你看，在这个三角形中，当有一个角上的量不变时，这道题目中是'路程'不变，那么对面这条边，如果是乘法，一定对应着反比例；如果是除法，一定就对应正比例了！"

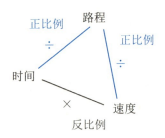

"这是不难理解的！"

"我们于是就知道了：如果按照原计划，通过这段在修的路，需要用时6分钟，也就能算出来，我们的车速是 $11÷6×60＝110$（千米/小时），全程计划用时6小时，全程就是 $110×6＝660$（千米）了！哎，对了，波利亚问你，能不能把这个结果或方法用于其他的问题？这个你怎么回答？"

"可以啊，上面所说的简捷三步，其实就是这一类题目共有的解题框架，你一直鼓吹'多题一框'，而且这'多题'还不是同一类型的题目，而是不同类型的题目，那就肯定可以用于解决其他问题啦！"

"现在你知道什么是数学解题了吗？"

"我的感觉又变了。老爸，我还记得你说过，学习需要'计划—执行—检查—处理'四个步骤，你看波利亚的解题四步骤，是不是和这个很像？"

"其实，不是你的感觉又变了，是解题、打仗和学习这些比较复杂的事情，都有类似的框架啊！"

"这也有框架啊！"

"哈哈，这不是明摆着的嘛！"

4.2 归纳演绎

国庆节到了,疫情已渐渐远去,生活开始恢复原有的节奏。周末,成潇和老爸驾兴出游,来到了城郊的一个公园。绿草茵茵,水流潺潺,父子二人躺在小河边,仰望蓝天,不禁怡然。

"丘吉尔说,不要浪费一场好危机,儿子,疫情就要过去了,我们是不是可以总结出一些能在以后受用的道理?"

"经常锻炼身体,提高自己的免疫力很重要!"

"是的。还有吗?"看到儿子不吭声,老爸继续说道,"在疫情期间,我更加佩服一个人了。"

"谁?"

"爱因斯坦。他说,时间和空间在一个质量巨大的物体周围,会发生扭曲。同样,在疫情期间,我们的认知也很容易被扭曲。"

"此话怎讲?"

"你们复课后,同学们怎么谈论自己在家上课的那段时间?"

"地狱般的日子!给爸爸妈妈怼死了,每天都在吵架!"

"其实何止是你们啊,关门大吉的饭店,门可罗雀的商场,大家恐怕都恨死了疫情!但仔细一想,罪魁祸首真的是疫情吗?有多少孩子的学习,一直处于老师和家长的双重'监视'之下,从没有想过自己为何学、如何学?有多少饭店和商场在疫情来临前已经疲态尽显,却一直不思创新?疫情好比退潮的海水,让我们看清谁在裸泳,但很可惜,我们随手抓起一条毛巾,咒骂着该死的海水,回到树丛里,又开始期待下一次的裸泳!"

"那我们究竟应该怎么做呢?"

"把目光从疫情上移开,回望我们最初的样子。我喜欢这样一句话,种植一棵树,最好的时间是十年前,其次是现在。"

"老爸,你就想说这个?"成潇不知道老爸今天葫芦里卖的是什么药。

"遇到难题不可怕,可怕的是扭曲你的认知,诱导你走入死胡同,我们需要回到思维的起点,回到起点的最佳时间是十年前,其次就是现在!"老爸终于挑明了"来意"。

"十年前我才两岁,还不会数数啊!"

"领会我的真正意思!举个例子,我们沿着河边的一条路同时出发,相向而行,你每秒钟走2米,我每秒钟走3米,各花了20秒走到相遇地点,问这段路有多长?"

"太简单啦!$20 \times (3+2) = 100$(米)"

"还是这道题,我们把'各花了20秒走到相遇地点'改为'相遇时距离中点10米',还是问这段路有多长,又该怎么做?"

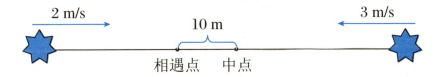

"那不还是相遇问题吗,求路程和,需要先知道速度和与时间,速度和还是5米每秒,但这时间……"

"亚洲的天鹅是白色的,欧洲的天鹅是白色的,美洲的天鹅是白色的,所以天鹅全部就是白色的,对吗?"

"什么?你跑题了吧!……对的呀,有什么问题吗?"

"貌似是对的,直到人们在大洋洲发现黑色的天鹅……"

"黑天鹅?"成潇一脸的惊悚。

"难怪刚才你的思维已经走入了死胡同:相向而行就是相遇问题,所以就要看速度和……"

"难道还要看速度差?……对了,这里给的是路程差,在时间相等的情况下,结合速度差就能求出时间啦!$(10×2)÷(3-2)=20$(秒),再用$20×(3+2)=100$(米)就是答案啦!"

"其实刚才你用的是逻辑推理中的归纳法,尽管是有瑕疵的归纳法,但历史上很多著名的论断都是用归纳法得出的,譬如上面的那个例子,但从理科学习的角度,更可靠的还是采用演绎法。我们要感谢亚里士多德给我们带来了三段论,从那以后,我们人类有了自信,即使在目力不可及的时空之中,依旧可以通过纯粹的思想实验来获取真知。"

"太抽象啦!举例举例!"

"先说说亚里士多德的三段论,人都会死,苏格拉底是人,所以苏格拉底也会死。我们可以类似地得到:现实世界受简单的法则支配,数学来源于现实世界,数学也受简单的法则支配。"

"有点意思!"

"拿到一道数学题,我们每个人都忍不住联想到自己曾经做过的。和它最相似的一道题,并且不由自主地用曾经的做法来解这道题,如果能完全吻合上还好,但如果题目有明显不同,我们会被自己的认知惯性所支配,强行

'修改'题目以适应自己熟悉的思维过程……"

"这不是典型的削足适履吗?"

"是的,尽管有些离谱,但却是每天都在发生的!"

"那应该怎么办呢?"成潇感觉自己刚才就是中了这个道儿。

"用严谨的演绎推理面对每道题目,心无杂念,细审题目,完全忠实于题目原意,用简单的法则来推理出正确做法。"

"都有哪些简单的法则?"

"如果要用简洁的语言来表述,这些法则都有三个共同的大前提:在变化的背后找到不变的;让虚与实对应;也就是量和率对应,在'黄金三角'的框架中找到不同数量间的准确关系。"

"我来用刚才这道题试试啊!两人相向而行,他们同时出发,同时到达相遇点,不变的,也就是相等的,是时间;在时间相等的情况下,路程差和速度差需要对应在一起;最后,用路程差、速度差和时间之间的三角关系算出时间。哈哈,题目真的解决了!"

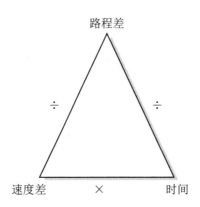

"小心,最后一步,还是要用时间去乘上速度和,而不是乘上速度差哦!"

"我知道,速度差只是用来和路程差对应之后求出时间的,要求出全程的话,肯定是用时间去乘速度和。"

"理解了归纳和演绎的区别,接下来,我们就应该更多地关注数学领域内的思想方法了。"

"归纳和演绎不是可以用于数学思考吗?"成潇感到不解。

"当然可以,但它也可以运用于认知数学以外的世界,我们在试图说服别人时,在演讲或辩论时,也常常使用它。数学领域内的思想方法有很多,刚才我们体会了'对应'的思想,我们之所以能感受到强烈的数学之美,很重要的一个原因就是经常有'对应'的元素被包含在其中！还记得我和你说过的雪花吗？把每个雪花的末梢不断放大，我们依旧可以不断地看到完整的雪花结构。螺线在工程技术领域应用很广，在它的内部，我们也发现了这种现象。"

"你说过，这叫'分形'，但和'对应'有什么关系？"

"你仔细体会一下，这是不是很神奇？在一个事物不同的部分里，竟然隐藏着那么相似的东西，为了表达对造物主的尊重，我们是不是应该让原本遥相呼应的它们有某种直接的连接？"

"也许吧！用路程差除以速度差就是你所说的'连接'？"

"嗯，而且这种连接，一般都用乘号和除号来实现！"

"不一定吧？举个例子啊！"

"很简单哦！比如说，你们班复课后，又开始了课外兴趣小组的活动，已知参加编程小组的同学有 16 人，占班级总人数的 40%，那么全班人数就是 $16÷40\%=40$（人），但如果题目条件改变一下，说参加编程小组的同学占比为 40%，参加绘画小组的同学占比为 25%，已知参加编程小组的同学比参加绘画小学的同学多 9 人，这时的全班人数又该怎么算呢？"

"应该用 9 去除以编程小组和绘画小组占比的差，也就是：$9÷(40\%-25\%)=60$（人），啊！这可不行啊，这么多人一起上课，不符合'不扎堆、不聚集'的防疫要求喔！"

"这只是我假设的啊！你看到没有，编程小组同学的'量'对应编程小组的'率'，两个小组的'量'之差，就要对应这两个小组的'率'之差了！如果再换一下条件，告诉你两个小组人数之和，再告诉你两个小组人数各自占比，又该怎么做呢？"

"那不就简单了！还是用人数之和除以各自占比之和呗！"

"完美！其实数学很简单，把这些高度相似的和、差、积、商关系对应起来，就能求出一道题的关键数量了！"

"我知道，如果是分数或百分数应用题，你所说的关键数量就是单位'1'，如果是其他类型的题目呢，就是一份量了！"

"记性不错啊！弄懂了这个，我们就可以对接出数学解题的思想体系啦！"

"思想体系？这么'高大上'的名词啊，我这个'矮矬穷'不理解啊！"

"那我就画出来给你这个又矮又矬又穷的人看呗！"

4.3 多题一框

老爸拉着成潇来到了一处沙土边,捡起一根树枝画了起来。他画的上半部分是以前说过的,成潇还有些不以为然,但他很快就收起了自己的轻慢,因为下半部分是他从来没见过的。

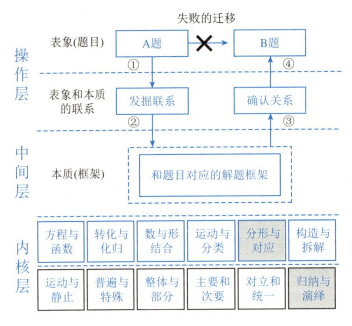

"老爸,这下面的'内核层'里都是些什么东东?"

"汉语真是博大精深啊,什么'东东',什么'东西',都表示你一无所知啊!哈哈,不过你至少应该知道一部分啊!例如分形与对应,归纳与演绎……"

"是的是的,上面的这行,都是数学里面的思维方法,下面的就是到处都能用的思维方法啦!"

"但你可别小看这最下面的东东,从古希腊到现在,最聪明最有智慧的人都在如饥似渴地学习它们哦!"

"那我猜到了,是哲学吧?"

"你蒙对了!哲学被人称为'科学背后的科学',它也是'思维背后的思维',有着巨大的威力,但别着急,威力巨大的武器一般都不好操控,例如原子弹,我们慢慢学……"

"我们现在能干什么?"

"框架是也!你看它,既衔接了具体的题目,又起源于这些深刻的思想,好比是一根水管,既让我们解渴,有具体的效用,另一头又连接江河湖海,连接着这些源源不断的自然水源……"

"开啥玩笑!水管那头是自来水厂好不好?"成潇看老爸没啥反应,尴尬地继续说道,"那再介绍一个框架呗,你好久没说了,我都有些淡忘了。"

老爸抬起一只手,缓缓举起,接着又举起一只手,快速追上了前一只手,接着继续往上,又把前一只手甩下一截。

"没了?举手结构?"成潇一头雾水。

"错!'消除或产生差异'结构!这个结构老厉害了!"老爸又把动作重复了一遍,"你看,一开始不是消除差异吗?后来追上之后,又拉开了,这不是产生差异吗?"

"有点《三国演义》里'分久必合,合久必分'的意思啊!"成潇把《三国演义》都读两遍了!

"我这么一比划,你肯定以为我要讲追及问题吧?"

"是啊,你还能讲什么问题?"

"抱歉了,我不打算讲追及问题。但为了不让你太尴尬,我先说个貌似行程问题的题目吧,听好了!今有一段路,绿巨人小明如果每步 50 米,走若干步后还差 10 米,如果每步走 60 米,最后发现自己超越了终点 30 米。请问:这段路有多远?小明走了几步?"

"什么乱七八糟的,小明什么时候成了绿巨人了?"

"他生下来就是绿巨人,有任何问题吗?赶快做吧!"

"简单!$(30+10) \div (60-50) = 4$(步),这段路的距离就是 $4 \times 50 + 10 = 210$(米),210 米啦!"

"这个式子是否有点眼熟?"

"嗯,在哪里遇到过……嗨!不是追及问题嘛,被除数是路程差,除数是速度差!"

"但这题不是追及问题,是典型的盈亏问题,为何有着类似的结构?当然,我所说的结构,不是指它们的式子看起来'长得像',而是说……"

"它们对应的解题结构!"成潇抢答道,"都是先找到差异,再去分析差异产生的原因,然后把它们用除号连接在一起,找到单位'1'!"

"单位'1'？说大了吧？这不是分数百分数应用题啊！"

"领会我的本意！"成潇也模仿老爸板着"臭"脸一本正经说话的样子，"我想表达的是，它是最初那个完整的物体，在这里是那段路的长度。"

"你这个单位'1'大大的写意，颇有天马行空之势啊！"老爸一计不成，又生一计，继续说道，"话说书店一天内卖出了《三体(1)》和《三体(2)》共40本，其中《三体(1)》每本30元，《三体(2)》每本25元，经统计，卖《三体(1)》的收入比《三体(2)》多650元。请问：书店这天卖出了多少本《三体(1)》？"

"貌似山寨版的'鸡兔同笼'！"

"何出此言？"

"正宗的'鸡兔同笼'是鸡和兔的'头和'与'脚和'，而此题是'头和'和'脚差'，岂不是山寨版乎？不过，也难不住本公子！假设卖出的全是《三体(1)》，则卖《三体(1)》的收入比《三体(2)》多 $30 \times 40 - 0 \times 25 = 1200$（元），与实际相差 $1200 - 650 = 550$（元），每把1本《三体(1)》换成1本《三体(2)》，其收入相差就减少 $30 + 25 = 55$（元），则需要换 $550 \div 55 = 10$（次），所以《三体(2)》有10本，《三体(1)》就有30本啦！挺合理的结果，只有看了第一部的人才会去买第二部，所以买《三体(2)》的人少一些，这题目出得讲究！"

"保不齐有人会一面说自己要出行，一面偷偷地去找老爸的书来看，就一本也不需要买啦!"老爸不忘揶揄成潇一把,"瞧一瞧,这是不是也是类似的结构啊?"

成潇努力克制住自己的不满,"也是的!写成综合算式是(1200－650)÷(30＋25)＝10(次),也是经历了'先找出差异,再消除差异'的过程。"

"别着急,好戏在后头!我们都知道,牛顿也曾面临过一次疫情……"

"那是天花,比新冠疫情厉害多了!他回到了自己的家乡,和我一样,宅在家里……"

"好吧,和你一样,但他没有在家玩电脑、玩手机,而是跑到田间树下,极目远望……"

"哐……一个苹果落在他的头上……"

"这个桥段不是这样的!他看到一片绿油油的羊群……"老爸给成潇打了岔,思绪有点凌乱……

"老爸,你在说什么?是一片绿油油的草地和一群羊!"

"领会我的本意!"老爸又抛出了口头禅,"干脆牛羊一起来吃算了!他发现这样一片均匀生长的草地,可以供18头牛吃40天,或者供12头牛与36只羊吃25天,如果1头牛每天的吃草量相当于3只羊每天的吃草量,那么,这片草地让17头牛与多少只羊一起吃,刚好16天可以吃完?"

"老爸,你出的题都是旁门左道啊,哪有牛羊混吃的!"

"混吃混喝,不亦乐乎?走起吧,成潇同学!"

"我的第六感告诉我要先转化!"

"对!转化的思想,无处不在,在上面的结构图里,越往下走,应用范围越广,用处自然越大。当然,俗话说'樱桃好吃树难栽',越是用处大的知识,学习起来就会困难一些。"

"不难啊!把所有的羊都变成牛,那么题目条件就变为一片草地可供18头牛吃40天,也可供 $12+36\div 3=24$(头)牛吃25天。草的生长速度①就是 $(18\times 40-24\times 25)\div(40-25)=8$(份/天),原有草量是 $24\times 25-8\times 25=400$(份)。"

"接下来,我们可以换一种姿势来解这道题了!看我画……"

"又是追及问题了!"

"错啦!应该说它的解题结构,还是'产生差异结构'!这才是根本哦!你看,前面你在计算原有草量和草速时,是不是也是这种结构?"

"是的!现在就要用'消除差异结构'了!看我的:400份的草,加上16天新长出的草,在16天内统统被吃完,每天要吃掉原有的草 $400\div 16=25$(份),再加上每天新长出的8份新草,一共需要 $25+8=33$(头)牛啦!"

"哈哈,只有17头牛哦!"

"哦哦,还需要转化一下,需要羊的数量就是 $(33-17)\times 3=48$(只)啦!"

"我的朋友,冬天又来啦!话说进入冬季后,牛顿同学家牧场上的草开始枯萎,因此草会均匀地减少。现在开始在这片牧场上放羊,如果有38只

---

① 以下简称"草速"。

羊,把草吃完需要 25 天;30 只羊把草吃完需要 30 天。如果有 20 只羊,请问这片牧场可以吃多少天?"

"牛呢?牛顿的牛呢?"

"回去冬眠了吧?"老爸忽悠起来了。

"是你冬眠了吧,老爸?牛也冬眠?"

"我的朋友,比'牛去哪里了'这个问题更严峻的是,很多同学学完了'草生长'问题,已经感觉力有不逮,好似到了强弩之末,遇到'草枯萎'问题,大脑立即一片空白,随机就会'缴械投降'。为什么呢?因为没有真正吃透'草生长'问题,没有看清问题背后的框架,没有试图用多种方法来理解同一个问题。试想一下,如果他(她)试过用画图的方法,从行程问题的结构来理解牛吃草问题,那么,他(她)在看出'草生长'问题和追及问题极其类似后,再遇见'草枯萎'问题,是不是很容易联想到它可能和相遇问题也有异曲同工之处?"

"我几乎就要被你一本正经的胡说八道给说服了。"

"快快解题!"

"本来草生长,是往右边走;现在草枯萎,肯定是往左边走。这分明就是相遇问题!我也会画图啦!"

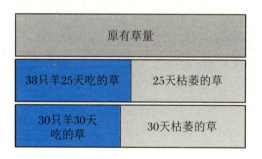

草的枯萎速度就是 $(38 \times 25 - 30 \times 30) \div (30 - 25) = 10$(份/天),原有草量就是 $38 \times 25 + 10 \times 25 = 1200$(份)。

接下来,还是相遇问题的视角:

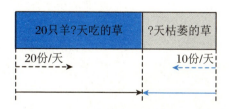

一边的速度是每天 20 份,一边的速度是每天 10 份,每天就一共消耗掉 30 份啦,一共 1200 份,很容易就算出需要 1200÷30＝40(天)!"

"有没有感觉到'草生长'和'草枯萎'在难度上有很大不同?"

"这个真没有!我想可能还是我对隐藏在题目背后的结构已经比较了解了吧!"

> 结构17:消除(产生)差异
> (差异状态1±差异状态2)÷(差异的原因1±差异的原因2)
> $(A±B)÷(C±D)$

"这个的确是关键!当你看清了以上这四类题目其实来自于同一个结构后,你首先用'差之判断'的结构找准差异到底有多少,接下来,你就用一个形似$(A±B)÷(C±D)$的式子来算出关键量,从而破解题目。所谓的'追及问题''草生长'问题,不过是在同一个方向上运动,抵消差异,而所谓的'相遇问题''草枯萎'问题,也只不过是在相向而行的运动中抵消差异。"

"其实,所有的差异判断,$(A±B)÷(C±D)$中,究竟是加法还是减法,都完全符合'同向则减,反向则加'的'差之判断'结构!"

"不错!我想我们还是应该树立这样的信仰:数学,一定有方法!"

"又来鸡汤啦,励志老爸!"

4.4 按图索骥

"其实,即使用画图的方法来解决这类问题,依旧是有很多选择的。"老爸不顾公园里夕阳已落下,依旧在滔滔不绝。

"你请我吃海底捞吧,我饿了!"成潇摸了摸肚子。

"要求不低啊,要别人请吃饭还指定饭店啊!"

"今天大脑消耗了很多能量,你知道的,老爸,动脑子比动身体更耗费能量啊,所以要好好补充一下营养!"

"好吧,看在你今天表现不错的份上,我就破费请你吃一次海底捞啊!"老爸爽快地答应了,"不过,你今晚要写一篇数学日记!"

"今天可是说好了出来玩的,结果到现在几乎都在讲数学,没有玩啊!"成潇表示抗议,"晚上回家还要写数学日记,老爸,你到底安的什么心啊?"

"这不是宅家太久,今天出来放放风嘛!顺便把这段时间学的知识总结一下。"

"现在总结完了吗?说完再吃饭!"成潇下决心要吃顿"清净"的火锅。

"边走边说,边走边说!"老爸一脸"谄笑",哄着成潇往公园出口走,"聪明的同学,通过前面几道题的学习,你有没有发现相遇和追及问题,尤其是追及问题,其实它的解题框架能用在很多其他题目上?"

"发现了,要不你怎么能总结出'多题一框'这个说法?哎,对了,为啥不叫'多题一解'呢?"

"两个原因。一是因为这里的'多题',按照以前的理解是同一类题,但在我们这里,可是完全不同类型的题目哦!第二,'一解'还是具体的解题方法,甚至是解题步骤,而我们所要强调的'一框',则是比解题的方法或步骤要深入许多,更接近解题结构的核心层——数学思想或哲学思想!"

"接下来你想说啥,快点,要到海底捞了啊!"

"别急哟,这两者也是行程问题的奠基石,我们试着再换个更直观的角度来理解其中的数量关系,这个主意怎么样?"

"多直观?一眼就能看出来?不用第二眼?"

"此言差矣,太懒了吧?不过,你很幸运,它刚好是这样的一种方法!我们离远点……面对面……走起来,开始!"

父子两人在公园小路上相向走了起来。

老爸隔空说道:"假设我们现在相距 50 米,你每秒钟走 3 米,我每秒钟走 2 米,问多长时间我们相遇?相遇时,你走了多远?不给算,完全用画图的方法,怎么做?"

"我来试试……不给算,这图得画的多精确啊?"

"好巧,我刚好带了坐标纸和笔……"

"阴谋啊,阴谋!这你都有准备……"成潇有种"欲哭无泪"的感觉。

"纯属巧合!如有雷同,实属故意!"老爸"大言不惭"地说道。

"我早知道你是故意的啦,为了这顿火锅,我来画!"成潇拿了纸笔,趴在公园的长凳边,画了起来,不一会儿,就画好了。

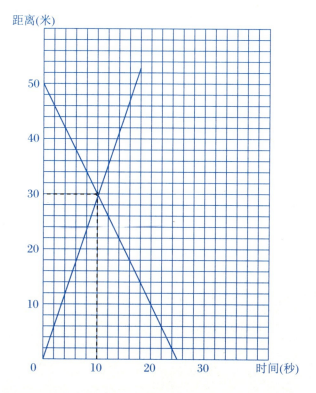

"以我出发的地方作为起点。这根从上到下的线,是你走的,随着时间的推移,离起点越来越近;这根从下往上的线,就是我走的,越走离起点越远,最后和你有个交点,沿着交点往下看,就是相遇所用的时长,10 秒,往左看呢,就是相遇时我走过的距离,30 米,其实也说明此时你距起点还有 30 米!"成潇解释了一番。

"是不是感觉倍儿轻松?我看你刚才还哼着小曲儿呢!"

"也不是吧,思考是耗费脑力的!需要补充营养!"

"你简直就是二师兄,就惦记着吃!"老爸"怒"了,"现在你转过身去,我站到你前面,领先你 10 米,都往大门口走,问何时你追上我,追上时我走了多远?这图又该怎么画?"

"同时出发吗?"

"当然!"

"你没说啊,一点都不严谨!"成潇终于"反戈一击",乐呵呵地又蹲到长凳边低头画了起来。

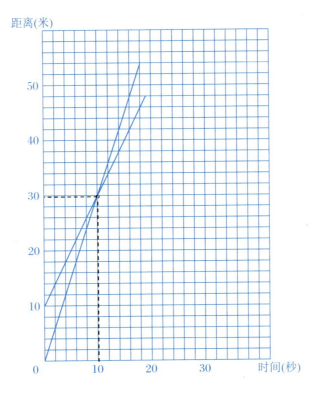

不一会儿,成潇公布结果了:"还是以我的出发点为起点,我们各自按照原来的速度走,从图上观察,应该在 10 秒后,距离出发点 30 米处相遇……"

"我问的可是我走了有多远哦!"

"那不简单,用 30 减去 10,等于 20,你走了 20 米!"

"做得不错!其实这个图就是一个框架,可以用来解释我们此前讨论过的好几种题型,就拿牛吃草问题中的'草生长'来说吧,我们需要两次使用这个框架,你看,这条红色实线是'差异',第一次求原有草量和草速,题目告诉我们'可以供 18 头牛吃 40 天,或者供 24 头牛吃 25 天',差异就是 $18 \times 40 - 24 \times 25 = 120$(份),产生这个差异的原因是两种情况下,草分别长了 40 天和 25 天,因此草速就是 $120 \div (40 - 25) = 8$(份/天),原有草量也就不难算了;第二次,是在回答'多少头牛刚好 16 天可以吃完'这个问题时,此时的'差异'就是原有草量 120 份,原来表示儿子速度的那条直线,现在代表草的生长速度,而代表老爸速度的直线,就代表牛的吃草速度啦!两条的交合之处,就是老爸吃光草地最后一根草的时候!"

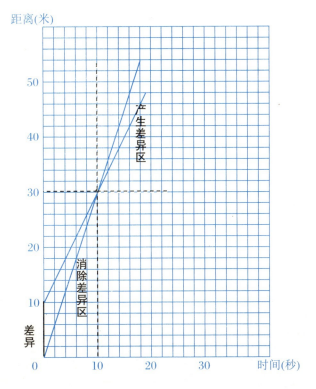

"哈哈,草好吃吗?"

"不对不对,是牛吃光的!不是我。"

"彩笔都带了啊,难道这是要考试的节奏啊!老爸,你也太老谋深算了吧!"看到老爸在自己刚才画的图上用红笔加粗了一条段线,成潇瞬间有种"羊入狼圈四望茫茫"的感觉。

"学习之需要嘛!还没结束!结合具体的问题,我们发现还是有不同的。对于行程问题,如果儿子追上老爸后继续走,此时会产生新的差异,而在牛吃草问题中,牛吃光草之后,就不会再继续了……"

"再继续就吃土了,太惨啦!"成潇感觉自己也很惨,又摸了摸肚皮。

"现在你可以拿相遇的那张图,来体会一下牛吃草里的'草枯萎'问题。"

"照方抓药,又有何难?"成潇放开了摸着肚皮的手,又抖擞起了精神,"彩笔借我一用,我也来加条彩色线段……"

奇怪的是,当他把彩色线段加粗时,脑海中浮现的却是海底捞餐桌上火腿肠的样子。

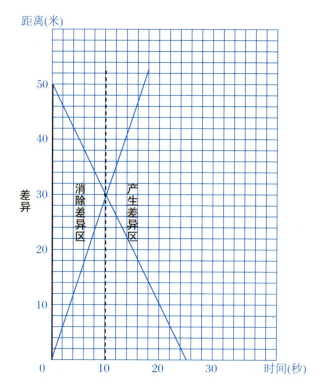

"差异代表原有草量,原来向下这根代表老爸所走路程的线段,现在可以理解为草枯萎的速度,那么,原来向上的这根代表儿子所走路程的线段,就是牛吃草的速度啦!同样的,在有交点前,是消除差异;交点之后的区域,就是产生差异啦!奇怪!你又让牛吃土吗?明明此时没有草了啊!"成潇为牛打抱不平。

"不能一根筋啊!在其他问题中,有意义吗?"老爸有点着急地启发着。

"相遇问题嘛?哦!有意义。是两人相遇后又擦肩而过,重新拉开了距离。"

"不错啊,此时此刻,我想吟诗一首,不不,出题一道。假设还是50米的距离,你我速度也不变,问同时相向出发后,过多久,我们会相距30米?"

"哈哈,此时此刻,我只想……按图索骥!"成潇比划了一个长度,真的在图上找了起来,不一会儿,大喊一声,"在出发后的第4秒和第16秒,父子二人的距离都是30米哦!"

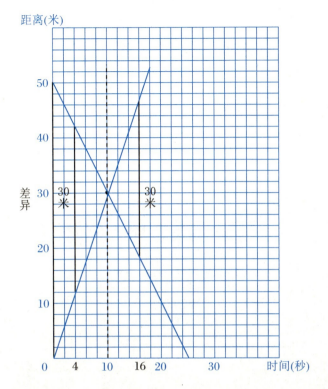

"牛啊,都俩答案啦!恭喜你!"老爸搞怪地做了个"2"的手势,继续说道,"这题是个暗坑题,坑里至今埋着不少你的学哥学姐,因为太容易丢掉第二个答案了!"

"是的,这个'先消除差异,再产生差异'的过程,还是很容易让人上当的!不过,有了这张图,我感觉自己好比指挥战役的司令,对每辆坦克、每架飞机的位置都了然于胸啦!"

"是啊,因为它把每个数量变化的过程完整而又直观地呈现了出来,让我们大脑的两个半球同时工作,自然就不累了!"老爸继而话锋一转,"为什么我们在相遇和追及问题上花费这么多笔墨?因为它们是行程问题的基石,而行程问题,又集中涵盖了从小学到初中我们需要具备的解题框架以及一部分的解题思想。"

"原来如此啊,我想我们……该吃饭啦!"成潇发现终于到海底捞了。

4.5 登高望远

"速看!速看!新鲜出炉的何弹超人照片!"课间,成潇拿着一张照片举得老高,一路小跑到教室,还没进门,就扯着嗓子迫不及待地喊开了。

进入初中后,他加入了摄影社团,在刚刚举行的秋季运动会上,他好好地过了一把当体育记者的瘾。

"谁是核弹超人啊?"石头走了过来。很巧,这对小学的好朋友,又进入了同一所初中的同一个班级,"升级"成了初中同学。

"他就是人见人爱花见花开的亮亮同学!"因为他姓何,所以成潇就给他取了个外号——"何弹超人","你看,他风驰电掣冲过终点线的样子,像不像一个超人?"

"哇!成潇记者,你拍得太完美了!早一点儿晚一点儿都拍不到他冲过终点线的那一秒!这真的是你拍的?"看到照片拍的这么专业,石头提出了质疑。

"哈哈,亮亮同学,把这个拿回家裱起来吧,如果需要,我可以附赠一个我的签名。"成潇说着把照片递给了何亮。

"何亮,你真厉害啊,你到终点时把第二名甩下 20 米呢!"石头赞叹道。

"啊,是吗?我还没注意到呢,让我看看。"何亮被这么前呼后拥着已经飘到屋顶了。

"你看这个线,每 5 米有一个标记,你到终点的时候,第二名还差 20 米,第三名还有 25 米呢!你这个优势也忒大了吧?"

"准确地说,在冲过终点线的那一刻,我的确深情地回看了他们一眼!"何亮是短跑传奇人物博尔特的"铁粉",比赛中经常喜欢模仿他的动作。

"你们说,第二名到达终点时,会领先第三名多远呢?"成潇忽然转移了话题,关注起照片上后面两个人。

"嗨!5 米呗!"有人不假思索地说道。

"肯定不对,他们两个之间的距离应该是变化的!"成潇像是知道答案似的。

"那应该相差多少米呢?"有人提出了这个问题。

就在这时,响起了上课的铃声,大家也停止了对问题的讨论,各自回到座位上。

晚上,成潇写完作业,就立即在草稿纸上演算了起来。这时,老爸悄悄走了过来,站在他的身后"暗中观察"。

"正确！所有人的用时相等，此时，路程之比即为速度之比！"

"嚯！老爸，你也太神出鬼没了！本来就是这样啊：第一名撞线时，第二名跑了80米，第三名跑了75米，路程之比为16∶15，因为三人用时相等，说明第二名和第三名的速度之比是16∶15；接下来，当第二名撞线时，第二名和第三名的路程之比依旧是16∶15，第三名就应该跑过了100÷16×15＝93.75(米)！和我的预想一样，距离肯定是越拉越大啦！"

"我的朋友，你还可以大胆地设想一下，如果在第一名到达终点时，第四名、第五名……他们之间相差的距离都是5米，那么，当第二名也撞线的时候，后面各个选手之间的距离……"

"都会大于5米，并且越往队伍的后面看，彼此之间的距离就越大！"成潇回答得非常肯定。

"不错啊，那会不会有距离始终不变的情况呢？"

"这个……那速度都一样……"成潇的回答有点含糊。

"请听题：某景区的甲乙两地相隔10千米，每隔5分钟同时对开一辆电瓶车，电瓶车的速度为每分钟500米，小明同学从甲地乘电瓶车到乙地，在车中和对面开来的车两次相遇。请问：中间会间隔几分钟？从甲地到乙地的过程中，和对面开来的车相遇几次？"

"我想想，小明出发后遇到对面发出的第一辆车用时10000÷(500＋500)＝10(分钟)，此时，对面发出的第二辆车已走了10×500＝5000(米)，那么再过(10000－5000)÷(500＋500)＝5(分钟)，就会和对面开来的车二次相遇啦！"

"这么一辆辆地算，是不是太闷啦？有没有更好的办法？"

"什么办法？"

老爸做了个拉动镜头的姿势："小学数学好比是一台焦距不变的老式相机，只能用固定的距离来观景，而初中数学则是变焦相机，推进了可近观，看到每个细节；拉远了可远望，看到整体结构。来，我们还是'按图索骥'吧，看看用整体的观点如何看待这道题。"

"怎么时间还有'－10'啊，啥意思，负的时间吗？头晕晕啊！"

"别晕啊！先从时间的零点开始理解！从距离为10千米的地方连接过来的线段是什么含义？"

"可能是表示小明在甲地坐上的这辆车其实是在20分钟前从乙地开出

的吧?"

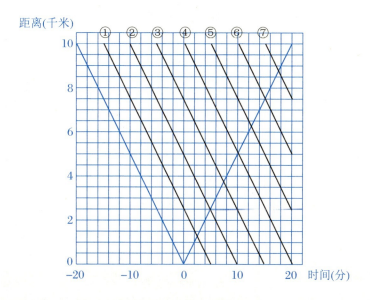

"正确啊!还'可能'个啥!那它右边这根呢?"

"那就是紧接在小明这辆车后,从乙地发出的车!"

"是的,所以你看,小明坐电瓶车从甲地出发,遇到的第一辆车并不是和他同时从对面出发的车,而是当他从乙地出发后紧随其后的那辆车!"

"哦!可是我的时间间隔算得是对的!"

"嗯,但按照你这样想,第二问恐怕就答不对了!小明的车从甲地到乙地的过程中,和对面开来的车相遇几次?"

"是的啊!还是要感谢你画的图啊!因为从上面可以很清楚地看出来,一共相遇了 7 次!"

"你看,如果我们只是从'小明从甲地出发,同时一辆车从乙地出发'开始去想,就得不出正确结论,但如果我们把发车想成一个生生不息、连续不断的过程,看问题的层次就提高了很多。学习初中数学需要从整体的角度来看问题,对于刚从小学数学中走出来的我们来说,其实是很有挑战的,但在几何图形的帮助下,我们就好比是站在沙盘前的统帅,有了俯视全局的可能性!"

"说得不错,但我觉得同样困难的还有一些有关代数的问题。例如:当 $x=5$ 时,代数式 $ax^5 + bx^3 - cx + 6$ 的值为 12,则当 $x=-5$ 时,代数式的值是多少?"

"'同是天涯沦落人,相逢何必曾相识'。不是你一个人觉得困难,老爸我当年刚读初中时,看到这类题也是狗拿耗子……不不不……狗咬刺猬——无从下手啊!"

"后来你怎么就'咬'开了呢?"成潇终于发现了老爸的软肋,开始调侃。

"其实也很简单啦,这道题肯定无法求出 a、b、c 的值,所以呢,可以将 $x=5$ 代入式子,随后得出 $5^5a+5^3b-5c+6=12$,我们把 5^5a+5^3b-5c 看作一个整体,则它等于6,我们和 $x=-5$ 代入后得到的式子 $-5^5a-5^3b+5c+6$ 相比较,发现 $-5^5a-5^3b+5c+6=-(5^5a+5^3b-5c)+6$,把 $5^5a+5^3b-5c=6$ 整体代入,得到结果为0。"

"真是个悲伤的故事,忙了半天,结果为0!"

"哈哈,比这个更悲伤的,是忙了许久,最后得到的式子巨复杂,一看就是错的……"

"我有点同意你说的了,小学生他们只能看到局部,尽管他们看得非常真切,但毕竟缺少整体的视角,所以是有问题的……"成潇虽然也只是刚刚成为初中生,但"入戏"很快。

"真的看得非常真切吗?"老爸打断了成潇,"如果你是统帅,战局中的一个小小城池,是该放弃还是坚守,取决于什么?"

"那肯定要看整个战局的总体计划啦!所谓'不谋全局者,不足以谋一域',就是这个道理呀!"

"是的,所以我们说,看得到全局,才能把局部看真切;看得到局部,才能把全局看生动啊!"

"老爸,我就喜欢看你把一句话颠来倒去说的样子,似乎特有学问……"成潇又要调侃老爸啦!

"这哪里是一句话,分明是两种不同的意思,'一阴一阳之谓道',都是老祖宗的智慧,我拿来用用而已!"

4.6 无中生有

"骑上我心爱的小摩托,我们一起去郊游,去郊游……"

今天,成潇的班级要坐长途大巴去郊游啦!瞧把成潇乐的,歌唱了一句,调跑了十万八千里。

到了车站,何亮和石头都已经到了,三人和班里同学一起上了开往目的地的巴士,成潇的兴奋劲还在持续升温,所以屁股像长了钉子似的一刻也不安静,四处张望。

到了高速公路的休息区,石头去超市买了一袋橘子,上了车后,打算和何亮、成潇分着吃,却发现没法均分:"呀,糟糕!只有十七个!怎么分?"

成潇眉头一皱,计上心来:"石头,你买的橘子,当然应该你得最多,分走一半吧!我嘛,一路上唱歌比较辛苦,分总数的三分之一;何亮,你呀,就拿总数的九分之一吧。"

"凭什么呢?"何亮不干了,"你的歌唱得那么难听,不惩罚你就不错了,还要多分橘子？门都没有！"

"何亮,你傻啊,他这完全是个馊主意,你想想,按他说的,能分吗？"

"嗨！亏你想得出,没法分！17既不是2和3的倍数,也不是9的倍数,怎么分呀！"

"把橘子切开不就得了？"成潇插科打诨,企图把局面搅乱。

"不切就不能分吗？"说话间,班里的文体委员方云从前排座位扭过头来,"我帮你们解决这个问题,搞定之后,你们每人送我一个橘子！"

"我和你一起来解决,搞定了,石头拿一个橘子谢我,何亮拿一个谢你吧！"

"可以！"何亮和石头欣然答应,"你们谁来分？"

"你来吧,方云！"成潇提出分配方案的时候,已经知道该怎样分了,现在乐得让方云出头,自己躺赢一个橘子。

"因为每人得到的橘子都是整数,所以在分橘子的时候,它的数量应该是三个分母的公倍数。分母2、3、9的最小公倍数是18,因而在分橘子时的总数最好能成为18的倍数。石头买来了17个橘子,我现在慷慨地拿出自己的一个橘子凑数,这样就共有18个橘子参与分配啦！"

准备就绪,方云开始宣读和执行分配方案啦：

"首先谢谢石头'赞助'我们吃橘子,理应得到总数的二分之一……"宣读到此,方云数出9个橘子,让石头领过去；

"成潇嘛,嘴皮子了得,得总数的三分之一……"她数出6个橘子,成潇乐呵呵地领了回去；

"何亮同学年龄最小,你呀,就拿总数的九分之一。"说完最后这一句,方云又数出2个橘子,让何亮领过去。

"这是不公平的！"何亮嘟囔着坐下。

"你就当是孔融让梨了呗！"石头笑着说。

"现在你们满意了吧？每人给我一个橘子犒劳犒劳啊！"方云说着就走到了三人坐的这一排。

"我想采访你一下,你是怎么想到这个方法的呢？"成潇明知故问。

"好吧,看在这三个橘子的份上,我就教你们一招吧！好好听着,这叫'构造法'！当我们感觉某个问题不完整或者是只看到某个整体的一部分时,我们可以采用'补上一块'的办法,这就是构造法！"方云来了兴致,继续说道,"我再免费赠送一招吧:构造法可不仅仅是解决数的问题,在形的问题上,也非常常见哦!"

"举个例子吧!"何亮一边吃着橘子,一边问道。

"还记得三角形和梯形面积是怎么求出来的吧?我们是假设有个一模一样的形状,倒过来靠在原图形上,从而把这两个图形的面积问题转化为已经学过的平行四边形面积问题,此时问题就变得简单了……"

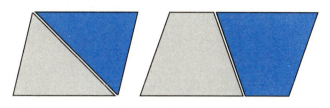

"其实这也是化归的方法!"石头补充了一句。

"是的。化归有很多种,这是通过构造实现的化归。历史上最有名的一次构造发生在18世纪的一天,当时,数学老师情绪低落,同学们看到老师那抑郁的脸孔,心里畏缩起来。'你们今天替我算从1加2加3一直加到100的和,谁算不出来就罚他不能回家吃午饭。'老师讲完这句话后就一言不发地拿起一本小说坐在椅子上看去了。"方云不愧是文体委员,故事讲得活灵活现。

"教室里的同学们开始计算:'1加2等于3,3加3等于6,6加4等于10……'慢慢地,数越来越大,很不好算,有些孩子的脸孔涨红了,有些孩子手心、额头渗出了汗来。"

三个男生剥橘子的手都停下了。

"还不到半个小时,一个名叫高斯的同学拿起了他计算的结果走上前去。'老师,答案是不是这样?'"方云甚至把小高斯抬头问老师的神情都传递得惟妙惟肖,"老师头也不抬,挥着那肥厚的手,说:'去,回去再算!错了。'他想不可能这么快,可是高斯却站着不动,把纸伸向老师的面前:'老师!我想这个答案是对的。'"

"是不是5050?"成潇企图打断方云的表演。

方云正在兴头上,装作没听见:"数学老师本来想怒吼起来,可是一看纸上整整齐齐写了这样的数:5050,他惊奇起来,因为他自己曾经算过,得到的数也是5050,这个8岁的小鬼怎么这样快就得到了这个数值呢?"

成潇也急了,直接"爆料"了:"他把这100个自然数分别从头尾同时开始两两配对,组成了50对和为101的数,当然就是5050啦!"

何亮和石头恍然大悟,同时咽下最后一瓣橘子。方云也并不恼火,继续说道:"但这未必是最好的方法,如果他能用构造的方法,想象出一个完全相同的数列,问题将继续被大大简化!"

何亮和石头不知道该听谁的了,呆呆地看着他俩。

方云继续抢着说:"两个完全相同的数列,一个由小到大排列,一个由大到小排列,我们把两列的第一个数相加,得到101,第二个数相加,还是101……最终,像摆在鞋盒里的两双皮鞋一样,他们逐个配对,得到100对和均为101的数,于是,我们就可以知道,一个形如'$1+2+3+4+5+\cdots+100$'的数列,它的和依旧是$50\times101=5050$!高斯的发现使老师觉得羞愧,觉得自己以前目空一切是不对的。他以后也认真教起书来,并且还常从城里买些数学书自己进修并借给高斯看。在他的鼓励下,高斯以后便成为德国极具影响力的数学家!"

"此处应有掌声!一名学生拯救了一名老师!"成潇喊了起来,前排座位上教英语的徐老师扭过头来,对他报以疑问的眼神。成潇吓得一声不吭。

方云终于排除了"干扰",继续说道:"除了构造图形和数列之外,构造法会在我们后面的学习中发挥越来越大的作用呢,可以构造函数和方程,还可以构造特例反例,甚至是命题。看你们如饥似渴的样子,我再和你们举个构造命题的例子吧:如果 n^2 是偶数,如何证明 n 也是偶数?"

这下可把成潇也难住了,三人一起沉思起来。

"我再启发你们一下,如果有人要你们证明'会绣花的都是女生',该怎么办?……完全无感是不是?哈哈,只需要证明'男生都不会绣花'是不是就可以了?"

"我知道了!"石头终于发现了证明的方法,"如果能证明'n 是奇数,n^2 也是奇数'就可以啦!"

"算你聪明!不不不……是他们两个比你更笨!"方云一脸嫌弃地看着窗外。

这下可彻底激怒了成潇和何亮,他们一起拿橘子皮向方云扔去……

4.7 错题之功

成潇的数学论文在区里比赛获得了二等奖,数学老师奖励了他一个小米声控夜灯,晚饭后,他开心地摆弄起来。

"你的论文是什么题目呀?"老爸不知什么时候,坐到了他的身旁。

"《罗辑的难题》。"

"罗辑是谁?"

"《三体》里的人物啊!我的论文主要说的是三个形状之间的关系,你要知道,对于大科学家们来说,三个东西之间的关系可比两个东西之间的关系复杂许多倍啊!"

"哦哦,这个我承认,牛顿的万有引力定律也只解决两个物体间的引力问题嘛!于是,你就想看看一个圆、一个正方形和一个三角形,能组成哪些组合图形,以及它们之间周长和面积变化的一些关系。"

"你偷看了我的论文!"

"是学习,是学习!不管怎么说,你帮助罗辑同学解决了实际问题,肯定是做了一件造福宇宙苍生的大好事啊！"

成潇给老爸夸得有点云里雾里了，有点脸红地说道："也不能这么吹捧我嘛！我还是觉得正确解决问题当然开心，但真正让我受益的，其实是我错题本里的那些错题！你经常说，学习数学的过程是'建立框架—有效练习—及时反馈'，从这个角度来说，能让我们在做错之后，发现新的联系，帮我们优化了解题框架的练习，才谈得上是'有效练习'。"

"是的，有的人听到自己的缺点就火冒三丈，而有些人却闻过则喜，你已经知道了为什么《错题本》如此风行，'不在同一个地方跌倒两次'，只是它的短期功效，很多时候，只是同学们应付老师要求而做的事，但要想真真正正地学好数学，还需要结合初中数学，再深入理解错题的功效。"

"初中的数学错题有哪些不一样的地方？"

老爸拿起笔，画了一个表格："你看，初中数学常见的四大类错误中，恐怕只有审题和运算的错误是你熟悉的吧？"

表达错误	作图操作不规范
	解题格式不规范
	语言表达不规范
运算错误	运算灵活性差
	不善于转化已知条件
	记错公式
论证错误	论证或论据问题
	滥用法则
	"发明"定理
审题错误	看不清已知和未知的关系
	不善于挖掘隐含条件
	抓不住关键词

"怎么没有了'思维'和'检查'？"

"我们在小学强调'检查'，只是帮助大家建立良好的学习习惯，到了初中，就不要再老生重谈了嘛！'思维'也不再列出了，为什么呢？因为在初中，你不仅仅要'想得到'，还要'说得出'，你看，'论证错误'和'表达错误'，就被我们高度重视了。"

"那是不是题目的解都很容易'想得到',思维框架就不再重要了?"

"不会的!思维框架是'长在'我们脑子里的,是我们考虑几乎一切问题都需要的。因为没法直观地被我们看到,我们在初中依旧是用许多的题目去'探测'它。也就是说,我们如何知道框架是否正确呢?那就必须用框架去解题,题目解错了,那我们所凭借的框架就有问题,错题集中体现了框架还不够完善的地方,换句话说,错题虽可以优化解题框架,但它经常是个'马后炮',问题出现了之后再通知我们,我们有没有办法提前知道呢?"

"很简单啊,那就举几个例子呗!"

"首先我们来看审题方面的错误,例如这一题:求不等式 $x+5<8$ 的正整数解。"

"$x<3$ 的正整数,那就只有 1 和 2 了!"

"算你小心!很多同学在做这类题时,丢在试卷上的答案就是 $x<3$,简直就是缺心眼啊!"

"接下来,我们再说说'运算错误'中'不善于转化已知条件'的问题。你看,七年级上学期,我们经常会遇到这样的题:用白铁皮做罐头盒,每张铁皮可制盒身 16 个,或制盒底 43 个,一个盒身和两个盒底配成一套罐头盒,现有 150 张白铁皮。请问:用多少张制盒身,多少张制盒底,可以正好制成整套罐头盒?"

"这似乎是一个配套问题。"

"是啊,有的同学是这样解的:

解:设用 x 张铁皮制盒身,用 y 张铁皮制盒底

列方程组得

$$\begin{cases} x:y = 16:43 \\ x+y = 150 \end{cases}$$

解得

$$\begin{cases} x = 40.67 \\ y = 109.33 \end{cases}$$

答:用 41 张铁皮制作盒身,用 109 张铁皮制作盒底。

你看,这就是'不善于转化已知条件'的'典型症状'!这名学生不善于将已知条件:一个盒身与两个盒底配成一套罐头盒转化成列方程的等量关

系:盒身的数量与盒底的数量比为 1∶2。"

"运算中还会出现哪些问题?"

"运算的灵活性不够啦!如果让我们把 $(3x+2y)^2-(x-y)^2$ 分解因式。我们经常可以看到有些同学是这样写的:

(错解 1)原式 $= 9x^2 + 12xy + 4y^2 - x^2 - 2xy + y^2$
$\qquad\qquad\quad = 8x^2 + 10xy + 5y^2$

还有的同学这样写:

(错解 2)原式 $= 9x^2 + 12xy + 4y^2 - x^2 + 2xy + y^2$
$\qquad\qquad\quad = 8x^2 + 14xy + 5y^2$
$\qquad\qquad\quad = (8x+5y)(x+y)$

你觉得他们为什么都错了呢?"

"没有观察出式子的特点,所以就没有选择平方差公式来展开。"

"这就是初中数学的特点:更加的灵活,有时你需要把整体拆成部分,但有时又要把部分看作整体!在这道题目中,$3x+2y$ 和 $x-y$ 分别需要看作一个整体,也就是平方差公式中的 a 和 b,接下来,才能找到解题的路径。"

"再说一说'表达错误'这种初中生最容易犯的错误嘛!"

"好的,你再看这道题:节日期间,文具店的一种笔记本 8 折优惠出售。某同学发现,同样花 12 元钱购买这种笔记本,节日期间正好可比节日前多买一本,问这种笔记本节日前和节日期间每本的售价各是多少元?

"其实这道题不难,但很多同学要么设这种笔记本节日前和节日期间每本的售价都是 x 元,要么也不区分节日前或节日期间,就设'每本售价为 x 元',这些都是文字表达不规范的错误。"

"也不能全怪我们呀!毕竟,在小学里面,我们除了解决问题时作答,基本不使用汉字,都是数字或者是字母在加加减减乘乘除除,就得出正确的结果啦!"

"你说的有道理,但这种要求上的变化可是天然存在的,我们必须要面对呀!"

"老爸,你好像丢了点什么?"

"挺细心啊,还有'论证错误',对于这种错误的认识,我们可以随着今后几何学习的深入而逐步展开,现在和你说,你印象不深。"

"我上次问你一道题,把你难住了,当时你也是这么说的,结果晚上很晚了我发现你还在'啃'这道题……"

"这……我一时竟然无言以对了!"老爸做了个"糗大了"的表情,"但我可以保证,这次不是这样的!"

"老爸,你一直说'数学需要做题,但绝不能搞题海战术',是不是就是这个道理?如果我们不审视自己的错题,做再多题目,还是会在同样的地方犯错。我们要关注错题,经常总结和反思,才让我们的框架更完美?"

"完美很难达到,但不断优化是没问题的。还记得我们上次去希腊时,在雅典学院亚里士多德的塑像下,我和你分享的那句话吗?"

"我唯一知道的,是我一无所知。"成潇一直记得。

"是啊,这句充满哲学意味的话,从数学学习的角度去理解是怎样的呢?那些我们已经会做的题目,其实我们是没有感知的,甚至我们都并不留意它动用了我们哪一个版块的知识,但对于错题,对于我们认知能力范围之外的题目,我们会认真地去分析它属于哪一类题目,我们有没有做过和它类似的题目,就这样一步一步,我们对它有了感觉,分明地觉察到这道题从陌生到逐渐熟悉,并最终为我们所掌握的全部过程,这其实就是'知道'的完整过程啊!"

"我很认同你说的!"儿子虽然看起来有时对学习漫不经心,但对老爸说过的话还是记住了不少。老爸继续说道,"做对的题目,其实它是在巩固正确的解题框架；做错的题目，就是给了我们完善解题框架的机会。不论正确还是错误，做完之后的总结和反思都必不可少！非常可惜的是，很多孩子，都只知道拼命地做题，对了答案后就不管了，又开始继续做题，在老爸眼里，那是在用低水平战术上的勤奋，来掩盖学习战略上的懒惰啊！"

"我现在真的感觉学习，尤其是数学的学习，并不是那么难哎！"

"《庄子》里有一句话，'吾生也有涯，而知也无涯，以有涯随无涯，殆已'。大致意思是说，人生是有限的，但知识是无限的，用有限的人生追求无限的知识，是必然失败的。学习一定有方法，在浩如烟海的题目背后，一定存在着'以少胜多''以简胜繁'的方法，那才是真正值得我们去追求的！"

"是的，对于已经进入初中的你来说，不仅要对错题有正确的认知，还需要知道初中生一般容易在哪些方向上犯错，只有这样的学习，才是真正有意义的！"

4.8 秋水河边

转眼间,又一年的秋季就要结束了,冬季隐隐在望,成潇、俊熙、石头三位好朋友相约来到了城郊的秋水河边。

"时间过得真快!一转眼这一年就要过去了。"看着河面上飘落的树叶,成潇不禁感叹道。

"子在川上曰,逝者如斯夫。"不论何等情境,石头总能想到一句古人说过的话,而且说的珠圆玉润,恰恰符合当时的那种氛围。

"这真是不平凡的一年,等到了年底,我们每个人回望这一年,想必都会感慨万千。余华说得好,'没有一条道路是重复的',我们每个人都各有各的 2020 故事,但不管新冠疫情还会不会死灰复燃,我们每个人的梦想在复苏之后,会生长得更快。我也期待初中的第一个学期会圆满而精彩。"俊熙也引用了一句名人名言,不甘落后。

"此情此景,我只有……出题一道!"成潇的文学功力不如他们,只能谈谈数学了,"事先声明,此题为老题新出,不喜勿喷哦!老师和一群高年级与低年级的孩子出游,来到秋水河边,老师不在的时候,高年级的孩子会欺负低年级的孩子,低年级的孩子也会把篮子里好吃的食物提前吃掉。因为船的载重量很有限,只能让老师一个人带一个学生,或者带一个篮子。请问要过几次,才能够顺利地到达对岸?"

"有损你一世英名!"石头跳了起来,"原版的题目是这样的,一个农民爷爷,带着大灰狼、小白兔和一筐青菜过河……"石头就是这么直率。

"不瞒你们说,这题目曾经纠结了我好久好久,如果现在让我想,恐怕等秋水河都结冰了,我才能把这个问题解决掉。"俊熙不想让成潇太尴尬,主动插话了,"成潇,题目中的人和物虽有不同,但解法是不是都是类似的?比如说,我就是那个低年级的学生,第一次过河,老师带我过,篮子带不上,就留在岸边,还留下高年级学生。然后,老师一个人驾船回来,带上高年级学生过河,这是第二次。过来后,再把我带回去。第三次,把我留在岸边,带上篮子过河,把篮子留在对岸,然后再驾船回来。最后就是第四次,带上我过去,平安无事。我、高年级学生,还有篮子,都完成了过河的任务。"

"……其实,我想说的是,这类题目有没有隐藏背后的框架呢?"成潇一直处于思考的状态,直到俊熙停下了很久,他才接上话茬,"假设 A、B、C 之间,A 和 B 不能单独在一起,我们暂且称之为'互斥',B 和 C 也互斥,船有载重的上限,不可以同时容纳三个人或物体,那么这个过河的过程应该怎么设计呢?我们假设 A 代表篮子里好吃的食物,B 代表低年级学生,C 代表高年级学生。"

石头和俊熙终于明白成潇为何要把这么平常的题目换个"包装",原来是想引导他们找到背后的框架!接下来,他们两人陷入了思考。俊熙还拿出一张纸,把刚才她的表述写了下来。

- 第一步:往:老师带低年级学生过去;
- 第二步:返:老师自己回来;
- 第三步:去:老师带高年级学生过去;
- 第四步:返:老师带上低年级学生回来;
- 第五步:去:老师带上篮子过去;
- 第六步:返:老师自己回来;
- 第七步:去:老师再带上低年级学生过去。

过了许久,两个人抓耳挠腮,似乎都没有找到好办法,成潇拿出一支笔,在刚才俊熙写的内容边上做了一些奇怪的标注。

- 第一步:往:老师带低年级学生过去;【1 - B】

- 第二步:返:老师自己回来;【0】
- 第三步:去:老师带高年级学生过去;【1-A】
- 第四步:返:老师带上低年级学生回来;【0-B】
- 第五步:去:老师带上篮子过去;【1-C】
- 第六步:返:老师自己回来;【0】
- 第七步:去:老师再带上低年级学生过去。【1-B】

"你们有没有发现什么规律呢?"成潇神秘地问道。

"有这么不懂事的高年级学生和不自律的低年级学生,老师很辛苦!"石头故意"跑偏",引得俊熙咯咯地笑。

"我的朋友,你太幽默了!"成潇做了个捂脸哭的表情,"继续观察!"

"B出现了三次!"俊熙喊道。

"有点沾边了!还需继续关注本质啊!我们把和其他物体都互斥的东西称为'关键物品',你们发现没有,这七次有非常明确的规律:一头一尾都是运送关键物品,和一头一尾相邻的两次,都是空船返回,再向内看,相邻的两次分别运送两个非关键物品,最中间又看到了'关键物品',只不过这次是返回时带着它!"成潇随手又画了一张图。

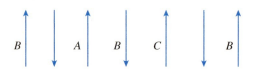

"这七步原来是对称的!"石头一声尖叫,居然还能来上一句古文:"煮豆燃豆萁,豆在釜中泣,七步成诗般的工整……"

"扯哪去了,就为了显摆自己吗?"俊熙最看不惯石头这个样子。

"其实没有走题,你们相信吗?曹植写诗一定也有框架,框架的内部一定同样工整!"成潇把这个题目发散了一下。

"写诗或许有框架,吟诗的人不分场合地吟诵,不值一提!"俊熙瞥了石头一眼,继续说道,"成潇,你还别说,有了你的框架,我觉得我考虑这类问题就很快啦,不需要等到水面结冰的时候了!"

成潇不由凝望着河面,若有所思地说道:"解题有三步,第一步是我们用感官去感知题目的吸引力,通常都是依靠视觉建立起来的;第二步是好奇,通常都是从这个题目背后的多变性中建立起来的,要注意,随时关注变化背后的不变;第三步是尝试,或者说是试错,体验各种变化,主动尝试不同的组合、不同的顺序。"

"成潇,你怎么说得这么悬乎?"石头看着成潇问道。

"我刚才复述的是我老爸的观点,他说这三步的背后,是21世纪以来,脑神经科学研究领域的新发现。用通俗的话来讲,着迷是开窍的前奏。开窍,就是说我们一下子明白了以前让我们倍感困扰的问题,其实就是一瞬间的事,而一旦明白了,就瞬间明白了好多事情,并彻底弄懂了,能够推演,能够使用,能够自如结合各种不同场景的不同情况。这就是开窍。"

"那你的窍开了吗,成潇?"俊熙有点羡慕成潇有这样一个老爸。

"其实,我们在学习数学的过程中,都有类似的情况:上课时,听课认真,老师讲的内容都懂了,也能够把公式、定理讲出来。可一到做题,却总是出错。这种现象在女生身上经常出现。男生的情况更多的是要么上课不认真听讲,做作业赶时间,匆忙完成后,再也不看;要么就是认真听讲了,可要让他自己说时,那些公式、原理、定理都说得不对,做题当然更会做错。"

成潇没有正面回答她,但俊熙感觉这段话就是说她的,脸都红了,说道:"你是说男生只是不用功,如果用功了,肯定不是那些笨笨的女孩子能追上的?"

"非也非也,我可没有那样的思想!在这题思考的过程中,我们不能仅以过河为目的,还需要考虑到回来的情况,以及避免意外的发生,要在多条件下实现过河的目的。这个题目最难的一个突破点,就是带过去的东西还能再带回来,为的是避免老师不在的时候,低年级的学生被高年级的学生欺负,或者低年级的学生没有自控力,吃掉篮子里的东西。回来,看起来不符合过河的目的——都过去了,还回来,说不通。但这就是那个'窍',就是这个方向性的彻底变化,只要想通了,就一下子全通了。"

俊熙和石头终于步调一致地点了点头。

"想出题目的解法实际上并不难,难的是理解并考虑到其中的关系,就算是狼吃羊,羊吃草,这都是一样的限定条件。条件会成为一种约束前提,有了这个前提,在做事情的时候就不只是一心想着要达到目的,还要想到总有约束的力量存在。"

"哲学家成潇,你太牛了!"俊熙不由地喊了出来,扭头又看向石头,"我刚才说的没错,低年级的孩子要自律,高年级的孩子别欺负低年级的孩子,就不会像成潇所说,有那么多的限定条件啦!"

"俊熙,我们在达到目的的过程中,一定会有约束条件,必须要符合约束条件才能完成任务啊!"成潇想帮石头解解围,"大家看,我们刚才之所以能得到这类题目的框架,很重要的一个原因就是我们使用了用字母代替数字的方法,虽然有一些抽象,但好处也是不言而喻的:帮我们找到了这一类问题背后相同的逻辑。"

"我觉得找到了你所说的框架,离用编程来解决这类问题就不远了!"石头在小学阶段一直在参加 Python 兴趣班,上了初中,又进入了学校的信息学社团,对编程解决问题很有敏感度。

"石头终于开窍啦!"成潇开玩笑地说道,"我老爸说,框架解决数学问题,和用计算机程序解决问题有异曲同工之妙,石头,以后我还要向你多请教!"

"你能用 Python 写诗吗,我的石头同学?"俊熙用挑战的眼神看着他。

"孤陋寡闻,坐井观天!机器早就开始写诗啦!只是你不知道……"

成潇不想让他俩再顶嘴下去了,连忙打个圆场:"不过,机器写的诗句和人写的完全不同啊!因为再强大的人工智能也没有情感,就好比 AlphaGo 赢了柯洁,柯洁会流泪,AlphaGo 并不会!"

"言为心声。没有真情感,哪有真文章?再厉害的编程高手,写的也只是代码,而代码是没有情感的,那还不如我写的作文呢!"进入俊熙的"领地",她岂能不发声?

"请听题:一家有四口人,父母带着一对儿女。他们遇到一条河,没有桥,只有一条船,这条船一次只能乘坐一个大人,或者两个孩子。全家要多少次才能够过河,并将船还给渔夫?"石头岔开话题,开始反击了。

尾　　声

　　学校放寒假了，成潇一家去往希腊旅游。从北京起飞后十多个小时，飞机降落在雅典机场。

　　"老爸，听说当年智慧和战争女神雅典娜赢了海神波塞冬，所以众神之王宙斯才同意用她的名字来给这个城市命名！"

　　"哈哈，那是神话传说！但这片土地的确神奇，因为他们是这个星球上最早开始思考'我是谁，世界从何而来'等哲学问题的人。"

　　"哲学？能不能不要这样深奥？"

　　"好吧……那你想学好数学吗？"

　　"那还用说！"

　　"数学、物理、化学这些自然学科的基础其实都是哲学，多从哲学的角度来思考数学问题，真的会让你事半功倍！"

　　"一本万利，药到病除？要不要这么神奇呀？"

　　"你不信？……我们先去卫城，边走边说！"

　　不一会儿，一家人来到了雅典卫城。

　　"卫城的山门到了，怎么样，有一些宏伟吧？"老爸问道。

　　"还行吧……说正题啊，学了哲学怎么就能考高分吗？"

　　"还记得我以前和你说过的'帕赫之争'吗？"

　　"记得！最后是德同学打了圆场，解决了'万事万物是变化的，还是不变的'这桩千古奇案！"

"其实，你发现没有，德同学只不过是找到了组成事物的'基本单元'，就摆平了这场争论？"

"你的意思……数学题也有'基本单元'？"

"当然！只不过我们不是要把数拆到不能拆为止，而是要找到数量关系或变化规律的'基本单元'！毕竟，你知道的，数学的核心任务就是找关系或找规律嘛！"

"貌似都有道理啊……但这和学数学有啥关系呢？"

"同学，请注意你的素质！猴急啊……好吧，我问你，数学题是变化的，还是不变的？"

"当然是变化的，如果不变，那我次次都能考满分！"

"可实际上，你每次考试遇到没把握的问题时，是不是审题时总感觉似曾相识，做完题又不确定对错呢？"

"嘿嘿，你别说，还真有……"

"好好听着啦……此时，德谟克利特斯，简称德同学，面露迷之微笑走了过来，提出了'原子理论'：世间万物都是由不可拆分的基本粒子——原子构成的，水的原子当然也可以重新组合成为鱼或蝴蝶的原子，前两位同学说的都对哈，这个世界从表象上看是变化的，但本质上又是不变！"

"不对啊，原子可以再拆分为质子、中子与电子！"

"没错……不过没关系，这些都是技术细节，丝毫不会降低德同学理性思考的光辉，要知道，他所处的那个时代可是连放大镜都没有啊，根本无法用实验的方法探索物质结构，他完全凭自己的逻辑思考得出了上述惊天论断！德同学巧妙地化解了帕同学和赫同学的'变与不变'之争，其实也就是给出了'数学题是变化的还是不变的'这个问题的正解了！"

"听起来挺有道理啊！"

"这是怎样的一块土地啊……说不定那些古代的哲人就曾在这棵树下激辩真理……"老爸不由自主地抚摸着路边的一棵树。

"或许也曾在树下呼呼大睡哦，哈哈！别摸了，老爸，那些树可能都是文物！我们该坐车去下一个景点——雅典学院啦！"

坐着城市里的老旧电车，穿过奥林匹亚宙斯神殿以及第一届奥运会举办地遗址，四人来到了雅典学院。

"儿子，你看，古希腊的建筑大量采用黄金分割比例，是不是显得协调、

尾声

均衡,而且极具庄严感?"

"可惜了,这所学院好像是后来仿制的……"

"无论如何,它曾是世界上第一所学院啊,学院(Academy)这个词就取自一位古希腊勇士的名字,不过,真正让这所学院青史留名的,还是苏格拉底、柏拉图、亚里士多德这师徒三人。"

"明白。他们的数学厉害吗?"

"又来了!我服了你!我只能说他们为随后两千多年的数学家揭示了正确思考数学问题的方式,你说牛不牛?"

"太抽象了吧?具体点啊!"

"柏拉图在《理想国》里说过这样一个故事。有一群人,被带到地下的洞穴里,背对着洞口坐在地上,洞口附近有一堆篝火,不知是谁把他们的手脚绑在地上,还在他们的身后砌了一堵高墙,此时,有几个巫师手持各种物品的模型走了过来,这些可怜的洞穴人,既看不见背后熊熊燃烧的火焰,也看不见这些人手上拿的东西,他们所能看见的,只有这些东西在岩壁上投射出来的或有或无或明或暗的影子。"

"他们一直这么坐着吗?"

"是的。他们自出生以来就像这样坐着,因此理所当然地认为世间唯一存在的便只有这些影子了。不过别太担心,总有那么一两个洞穴人有机会挣脱枷锁,当他转身看到火焰时,在被这令人恐惧的耀眼光芒刺痛眼球之后,他解开了一直萦绕内心的一个巨大困惑……"

"他知道了影子从何而来!影子不过是这些物品的投影!"成潇抢答了。

"反应很快!你的状态不错哟!"

"小意思,这不是明显的嘛!"

"还有的洞穴人会越过篝火,从洞口攀爬而上,平生第一次看到外面的世界,看到了色彩丰富、形状清晰的植物与动物,这些都是洞穴岩壁上那些既灰暗又模糊的影子所不能比的!"

"他们还可能会流下泪水。既是因为不适应外面的光亮,也是因为内心的震撼与感动。"

"我同意你的说法。柏拉图借用这个故事,就是想说明:感官世界里的事物会流动、会变化,但用理性认知到的世界才是真切存在且亘古不变的,后世另一位大师笛卡尔更是精妙地说,'我思故我在'。言下之意,一个不思考事物本质的人,就会在事物流变的表象里迷失自己。好了,我想现在我们可以谈谈数学究竟应该怎么学了!"

尾声

"好嘞,终于说正事了!"

"按照柏拉图的隐喻,有意义的数学学习其实只有两步。第一步,先找到洞穴里那些巫师手持的'模型',也就是解题的框架。我们平时在做题时,可以通过'多题一解'来提高自己发现联系、总结框架的能力。在我的工作时间内,我试着在初等数学的范围内,总结出'1+2+3'的解题框架。"

"这个我知道,'1'指的是'在变化的背后找不变','2'是把具体的'量'和抽象的'率'一一对应,'3'则是把基本数量关系总结为26个三角关系,恰好对应于26个英文字母。"

"数学学习的第二步,应该像那个走出去的洞穴人一样,在大千世界中找到这些'模型'的真正原型,持续不断地对自己的认知进行升级,让框架可以跟得上不断进化的数学教与学。这种能力在人工智能(AI)时代可以获得大数据的支撑,可以达到'事半功倍'的效果。其实,这种不断迭代的能力,对于打通数理化学习的学科壁垒,真正走入理科学习的'自由王国',是非常重要的。"

"老爸,我想知道那个逃出去的洞穴人后来怎么样了,被抓回去了,还是跑掉了?"

"啊……此处答案不唯一,有很多说法,柏拉图最认可的说法,应该是他又重新回到洞中,激动地把自己的所见所闻告诉其他人,但他们却认为他在胡说八道、蛊惑人心,索性一杀了之。柏拉图的师父苏格拉底,就经历了这样的事。其实,苏格拉底只要放弃自己的学说,也可以免于一死,但包括亚里士多德在内,这师徒三人,都是爱真理甚于生命的人。正所谓'身非王者役,门是祖师徒'啊!"

短暂的旅行总是转瞬即逝,不知不觉到了离开雅典的前夜,父子二人来到了雅典郊区的比雷埃夫斯港。

"为啥要来这里?"

"你知道'一带一路'吗?"

"听说过。"

"这个港口就是这'一带'和'一路'的重要交汇点,古老的希腊文明在这里再次焕发生机。其实你看啊,我们现在位于巴尔干半岛的南端,如果有一天我们可以像哈利·波特那样骑着扫帚旅行,我们可以依次游览亚平宁半岛、欧洲大陆、英吉利海峡、不列颠群岛和北美大陆,巧得很,欧美的文明史基本就是沿着这条脉络发展的!"

"嘿嘿!我们这一扫把,岂不是一不小心扫出了一部文明史啊!"

"文明是由人类的智慧来创造的,而绝非只是知识和财富的累积,上天如此眷顾这片土地上的人们,让那么多的古圣先贤成为这片夜空上的璀璨群星!"

"是的,我读过《苏菲的世界》,里面介绍了很多大哲学家,其中很多是古希腊人!"

"其实,你有没有想过我们学习数学的真正意义?"

"是不是学会理性正确地思考问题?不管是数学的,还是生活中的。"

"谈何容易!人的思维是多么容易'跑偏'啊!首先,丹尼尔·卡尼曼说我们头脑中有两个系统,快系统和慢系统,分别负责感性和理性思考,很可惜,在很多情况下,我们的生理构造决定了快系统更容易占上风。其次,即使我们好不容易开始进行理性思考,又有那么多的逻辑谬误等着我们,比如说,我们总认为先发生的就是原因,后发生的就是结果。最后,就算我们开始了理性思考,也躲开了逻辑谬误,但我们太容易受到社会上其他人思维方式的影响,我们学会了像其他人那样,盲目崇拜权威、过度为自

尾声

己开脱……"

"那岂不是很惨吗？人类还有指望吗？"成潇似乎想起了《三体》里的场景。

"别紧张，我们一直在进化。从古希腊的圣贤，到近代的数学物理学家，再到研究社会学心理学的科学家，都在想办法让我们的思维符合事物本身内在的规律，数学就是我们人类手上一件重要的兵器，不断地砍掉那些臃肿多余的甚至是错误扭曲的对事物的认识，帮助我们看清事物的本质。我经常在想一个有趣的问题，如果那些古代的文人墨客多一些古希腊哲学的思辨训练，他们留给我们的会是什么样的文化呢？"

"那会少了许多有意思的感觉……"成潇一扭头，不禁吟诵起张若虚的《春江花月夜》：

江畔何人初见月？江月何年初照人？

人生代代无穷已，江月年年望相似。

附录1 思考题

第1章：

1. 请结合数轴，比较 $\dfrac{1}{a}$ 和 a 的大小。

2. 甲、乙两个仓库储存了同样数量的电视机，要从甲仓库调运 200 台到乙仓库，那么乙仓库的存量就比甲仓库的 2 倍少 40 台。请问：甲、乙两仓库共有多少台电视机？

3. 小明读一本小说，已读的页数比全书页数的 $\dfrac{2}{5}$ 多 28 页，未读的页数比全书页数的 $\dfrac{4}{9}$ 少 14 页，问这本书共多少页？

4. 小明和小华各有一些巧克力，如果小明给小华 14 粒，那么小华的数量就是小明的 2 倍；如果小华给小明 11 粒，那么小明的数量就是小华的 3 倍。请问小明原来有多少粒？

5. 计算：$\left(-\dfrac{9}{14}+1\dfrac{2}{7}-\dfrac{5}{21}\right)\div\left(-\dfrac{1}{42}\right)+\dfrac{3}{2}\times\left|-1^{10}-(-3)^2\right|$。

第2章：

列方程解应用题：

1. A 车和 B 车分别从甲、乙两地同时出发，沿同一路线相向匀速而行，出发 1.5 小时后两车相距 75 千米，之后再行驶 2.5 小时 A 车到达乙地，而 B 车还差 40 千米才能到达甲地。求甲地和乙地相距多少千米？

2. 某中学有甲、乙两台印刷机用于印刷学习资料和考试试卷,学校举行期末考试,数学试卷如果用甲、乙两台印刷机单独印刷分别需要1小时和1.5小时。在考试时,为了保密,不能过早提前印刷试卷,学校决定在考试前的一个小时才开始印刷试卷。

(1) 若甲、乙两台印刷机同时印刷,共需要多少小时才能印完?

(2) 在印刷半个小时后,甲机出了故障,停止印刷,此时离发卷还有18分钟。请你算一下,如果乙机单独完成剩下的印刷任务,会不会影响按时发卷考试?

3. 某商贩一天出售了甲、乙两种商品,其中甲商品盈利20%,乙商品亏本10%。

(1) 若甲商品的成本是1200元,乙商品的成本是1500元,试问这一天这个商贩是赚了,还是亏了?赚了或亏了多少?

(2) 若甲、乙两种商品的售价都是 a 元,请用含 a 的代数式表示出甲、乙两商品的总成本价,并分析商贩这一天的盈亏情况。

4. 用白铁皮做罐头盒,每张铁皮可制盒身25个,或制盒底40个,一个盒身与两个盒底配成一套。现在有36张白铁皮,用多少张制盒身,多少张制盒底,可使盒身与盒底正好配套?

5. 为了进行资源的再利用,学校准备针对库存的桌凳进行维修,现有甲、乙两木工组,甲组每天修桌凳14套,乙组每天比甲组多修7套,甲组单独修完这些桌凳比乙组单独修完多用20天。学校每天付甲组80元修理费,付乙组120元修理费。

(1) 请问学校库存多少套桌凳?

(2) 在修理过程中,学校要派一名工人进行质量监督,学校支付给他每天10元生活补助费,现有三种修理方案:① 由甲组单独修理;② 由乙组单独修理;③甲、乙两组合作同时修理。你选哪种方案?为什么?

第3章:

1. 如图,动点 A 从原点出发向数轴负方向运动,同时,动点 B 也从原点出发向数轴正方向运动,3秒后,两点相距15个单位长度。已知动点 A、B 的速度比是 1∶4(速度单位:1个单位长度/秒)。

(1) 求两个动点运动的速度,并在数轴上标出 A、B 两点从原点出发运动3秒时的位置。

(2)若 A、B 两点分别从(1)中标出的位置同时向数轴负方向运动,问经过几秒钟,原点恰好处在两个动点的正中间?

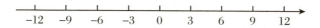

2. 一动点 P 从数轴上的原点出发,沿数轴的正方向以每前进 5 个单位、后退 3 个单位的方式运动,已知点 P 每秒前进或后退 1 个单位,设 x_n 表示第 n 秒点 P 在数轴上的位置所对应的数(如 $x_4=4, x_5=5, x_6=4$),求 x_{2011} 所对应的数。

3. 如图,$BC=\dfrac{1}{2}AB$,D 为 AC 的中点,DC = 2 cm,求 AB 的长。

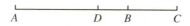

4. (在下面的方格纸中画图解题)小猫和小兔从同一地点同时出发,同向而行,它们都要去小河边去钓鱼。小猫每分钟走 200 米,小兔每分钟走 250 米。结果小猫要比小兔晚 10 分钟到达小河边。请问小兔从出发到河边共用了多少分钟?

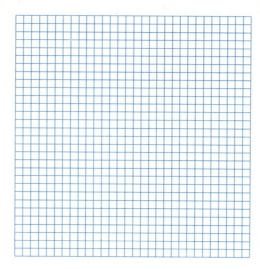

5. 用 1、2、3、4、5 这 5 个数字组成一个两位数和一个三位数。要使乘积最大,应该是哪两个数?要使乘积最小呢?换 5 个数字再试试。

第 4 章:

1. 有两根粗细、材料都相同的蜡烛,长的能烧 100 分钟,短的能烧 70 分钟。同时点燃两根蜡烛,经过多少分钟后,长蜡烛的长度恰好是短蜡烛的3倍?

2. 假设时针和分针都是匀速转动,在4点和5点之间,时针和分针何时能成120度的角?何时能成90度的角?

3. 江堤边一地发生了管涌,江水不断涌出,假定每分钟涌出的水量相等,若用2台抽水机抽水,则40分钟可抽完;若用4台抽水机抽水,则16分钟可抽完。如果要在10分钟内抽完水,至少需要几台抽水机?

4. 三只猫分一些鱼,第一只猫拿走了所有鱼的一半少2条,第二只猫拿走了剩下鱼的一半少2条,第三只猫拿走了剩下鱼的一半少2条,最后还剩6条鱼。那么原来一共有多少条鱼?

5. 规定运算 $x * y = ax + by - cxy$,其中 a, b, c 为已知数,若 $1 * 2 = 3$,$2 * 3 = 4$,且对于任意有理数 x,等式 $x * m = x$ 恒成立($m \neq 0$),求 m 的值。

附录2 "数学三国"纸牌游戏

一、纸牌

把26个黄金三角分为两大类：以刘、关、张为代表的桃园结义（加减关系）三角，以魏、蜀、吴、晋为代表的三分归晋（乘除关系）三角。

"桃园结义"三角对应的数学量有：

刘：和、被减数、溶液重量、售价。

关：一个加数、减数、溶质重量、成本。

张：另一个加数、差、溶剂重量、利润。

"三分归晋"三角对应的数学量有：

红色底纹纸牌：积、被除数、总数、总价、路程、工作总量、部分量、一年的利息、长方形的面积、平行四边形的面积、圆的周长、圆的面积、圆柱的侧面积、圆柱体积、路程和、路程差、2×三角形的面积、2×梯形的面积、3×圆锥的体积。

黄色底纹纸牌：一个因数、商、份数、数量、时间、工作时间、对应的分率、年利率、长方形的宽、平行四边形的底、圆周率（两张）、圆柱的高（两张）、相遇时间、追及时间、三角形的高、梯形的高、圆锥的高。

蓝色底纹纸牌：另一个因数、除数、每份的数量、单价、速度、工作效率、单位"1"、本金、长方形的长、平行四边形的高、圆的半径^2、圆的直径、圆柱底面周长、圆柱底面积、速度和、速度差、三角形的底、梯形的上底＋下底、圆锥的底面积。

绿色底纹纸牌:溶液浓度、本息和。

二、棋盘

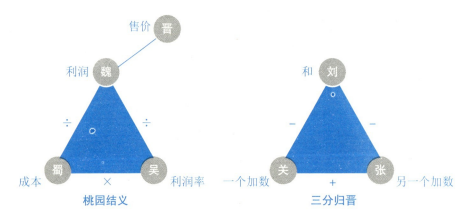

三、规则

1. 此游戏适宜 3 人玩。

2. 在"桃园结义"关卡,3 人各拿"刘备""关羽""张飞"中的一个角色(共 4 张牌)进行游戏。

3. 在"三分归晋"关卡,3 人各拿红、黄、蓝中的一种颜色进行游戏。

4. 3 人轮流"打擂",擂主抽出一张牌放入棋盘,另外两人需立即找出对应纸牌,放入正确位置,如未能找对相应纸牌,或放入位置不正确,则此局需给擂主一张牌。

5. 3 人可事先约定游戏的局数,最终以手中纸牌最多者获胜。

附:纸牌见本书后文彩色插页,可自行裁剪。

后　　记

　　如果把数学学习比作发射卫星,那么小学、初中和高中就好比是火箭的三级。按照火箭的设计方案,一级火箭耗尽燃料并和二级火箭分离时,需要把箭体托举到足够高的高度。同样的道理,当我们完成小学数学学习,并打算利用暑假过渡到初中数学学习时,我们的思维能力也需要达到特定的"高度"。

　　初中的思维能力都有哪些具体的"要求"呢?

　　我们需要看到题目表象下的实质。题目所给出的条件往往是千变万化的,但是,既然数学来源于生活,与这些题目相对应的现实世界模型一定是有限的。框架思维,反映的是这些模型的核心联系,自然可以赠你一双慧眼,看透问题的实质。

　　我们需要更加全面地考虑问题。小数数学描述的生活场景比较单一,事物可能的发展方向也极其有限,但初中数学需要更逼真地反映现实生活,非此即彼的"二元论"也就没有了市场。框架思维,用不同的结构来对应事物不同的发展方向,让你有效应对多样性。

　　我们需要更加严谨地展现论证思路。初中生相比于小学生,一个重要的能力跃升就是不仅要"想得清楚",而且还要能"说得清楚",这就对学生的思维周密性和逻辑性提出了较高的要求。框架思维,去芜存菁,要言不烦,自然可以提纯我们的思维过程,让论证简洁而有力。

　　一级火箭在分离时没有达到预定高度,卫星就无法正常入轨;在小学到初中的这段衔接期,如果我们思维不能有效"升级",依旧在用小学的思维方式看待初中数学问题,在七年级时数学成绩并不一定会有明显滑坡,但到了八年级时,随着数学学习难度的陡然加大,很多孩子的数学(理科)学习自信往往会快速崩塌。

三级火箭固然复杂,但这只是解题之"术",我们依旧相信:在"道"的层面上,真正能够通用的工具,在形式上一定是简单的。就好比达尔文的"自然选择",寥寥两个英文单词,却解释了上万年的物种发展进程。

从小学到初中,再到高中的数学学习,我们先从老师那里习得"框架",再总结整理出自己的"框架",实现了从"必然王国"到"自由王国"的跨越。

我们依旧行进在数学的进化之旅上,仰望着那些借助火箭之力射入天幕的卫星,好比是闪亮的思维之花,在"大数据+人工智能"的时代,我们无疑应该让这些思维之花开放得更加茂盛、更加璀璨。

在本书的结尾,我想诚挚感谢司有和教授为本书作序,感谢中国科大出版社的各位领导和编辑,没有他们的动议和指导,完成这样一本书是不可能的事情。

我还想感谢我的父亲,他对数学的热爱和严谨细致的治学态度一直激励着我在数学王国里奋力求索,甘之如饴。我爱数学,我爱我的父亲。

曹　扬
2020 年 6 月

后　　记

如果把数学学习比作发射卫星,那么小学、初中和高中就好比是火箭的三级。按照火箭的设计方案,一级火箭耗尽燃料并和二级火箭分离时,需要把箭体托举到足够高的高度。同样的道理,当我们完成小学数学学习,并打算利用暑假过渡到初中数学学习时,我们的思维能力也需要达到特定的"高度"。

初中的思维能力都有哪些具体的"要求"呢?

我们需要看到题目表象下的实质。题目所给出的条件往往是千变万化的,但是,既然数学来源于生活,与这些题目相对应的现实世界模型一定是有限的。框架思维,反映的是这些模型的核心联系,自然可以赠你一双慧眼,看透问题的实质。

我们需要更加全面地考虑问题。小数数学描述的生活场景比较单一,事物可能的发展方向也极其有限,但初中数学需要更逼真地反映现实生活,非此即彼的"二元论"也就没有了市场。框架思维,用不同的结构来对应事物不同的发展方向,让你有效应对多样性。

我们需要更加严谨地展现论证思路。初中生相比于小学生,一个重要的能力跃升就是不仅要"想得清楚",而且还要能"说得清楚",这就对学生的思维周密性和逻辑性提出了较高的要求。框架思维,去芜存菁,要言不烦,自然可以提纯我们的思维过程,让论证简洁而有力。

一级火箭在分离时没有达到预定高度,卫星就无法正常入轨;在小学到初中的这段衔接期,如果我们思维不能有效"升级",依旧在用小学的思维方式看待初中数学问题,在七年级时数学成绩并不一定会有明显滑坡,但到了八年级时,随着数学学习难度的陡然加大,很多孩子的数学(理科)学习自信往往会快速崩塌。

三级火箭固然复杂,但这只是解题之"术",我们依旧相信:在"道"的层面上,真正能够通用的工具,在形式上一定是简单的。就好比达尔文的"自然选择",寥寥两个英文单词,却解释了上万年的物种发展进程。

从小学到初中,再到高中的数学学习,我们先从老师那里习得"框架",再总结整理出自己的"框架",实现了从"必然王国"到"自由王国"的跨越。

我们依旧行进在数学的进化之旅上,仰望着那些借助火箭之力射入天幕的卫星,好比是闪亮的思维之花,在"大数据+人工智能"的时代,我们无疑应该让这些思维之花开放得更加茂盛、更加璀璨。

在本书的结尾,我想诚挚感谢司有和教授为本书作序,感谢中国科大出版社的各位领导和编辑,没有他们的动议和指导,完成这样一本书是不可能的事情。

我还想感谢我的父亲,他对数学的热爱和严谨细致的治学态度一直激励着我在数学王国里奋力求索,甘之如饴。我爱数学,我爱我的父亲。

曹 扬

2020 年 6 月

一个因数

一个因数

积

商

除数

被除数

份数

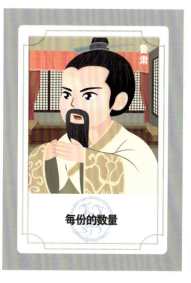
每份的数量

总数

 数量

 单价

 总价

 工作时间

 工作效率

 工作总量

 时间

 速度

 路程

年利率

本　金

一年的利息

对应的分率

单位"1"

部 分 量

长方形的宽

长方形的长

长方形的面积

 平行四边形的高	 平行四边形的底	 平行四边形的面积
 圆周率	 圆的直径	 圆的周长
 圆周率	 圆的半径^2	 圆的面积

圆柱的高

圆柱底面周长

圆柱的侧面积

相遇时间

速度和

路程和

圆柱的高

圆柱底面积

圆柱体积

圆锥的高

3×圆锥的体积

圆锥的底面积

梯形的高

2×梯形的面积

梯形的上底+下底

三角形的高

2×三角形的面积

三角形的底

 利　润
 差
 溶剂重量
 另一个加数
 溶液重量
 被减数
 和
 售　价
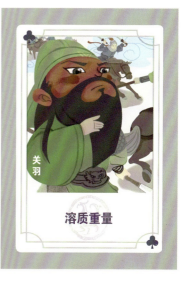 溶质重量

成 本

减 数

一个加数

溶液浓度

本 息 和

速 度 差

路 程 差

追及时间